Laura Malina Seiler

SEX MIT DEM UNIVERSUM

Was ein Engel über
das Leben lernt

MALIA

Impressum

Originalausgabe
Veröffentlicht im Malia Verlag, Berlin, Juni 2024

2. Auflage, 2024
978-3-949822-37-7 Print
978-3-949822-38-4 E-Book (pdf)
978-3-949822-39-1 E-Book (epub)

Text: Laura Malina Seiler
Lektorat: Rebecca Wangemann
Korrektorat: Lektorat Kelly GmbH
Layout und Satz: Susan Wesarg

Druck & Bindung: Umweltdruck Berlin

Printed in Germany

Kein Plastik!
Aus Liebe zur Umwelt ist dieses Buch
nicht in Plastik eingeschweißt.
Leider haben wir keinen Einfluss auf
mögliches Einschweißen der Bücher im Handel.

AB4
www.blauer-engel.de/uz195
Dieses Druckerzeugnis wurde mit
dem Blauen Engel ausgezeichnet.

FSC
www.fsc.org
RECYCLED
Papier aus
Recyclingmaterial
FSC® C173956

Lesehinweis

Dieses Buch ist als eine Erzählung konzipiert, die dazu gedacht ist, Inspiration zu bieten und zum Nachdenken anzuregen. Es ist wichtig zu betonen, dass die Darstellungen und Interpretationen, die du hier findest, weder religiös noch dogmatisch gemeint sind. Sie sollen keine bestehenden Religionen oder den Glauben einzelner Menschen bewerten oder infrage stellen. Sollten Darstellungen oder Interpretationen in diesem Buch auf irgendeine Weise nicht mit deinem persönlichen Glauben übereinstimmen, bitten wir dich, dies als Einladung zu verstehen, die Vielfältigkeit menschlicher Spiritualität zu erkunden und vielleicht sogar neue Perspektiven zu entdecken.

Die Verwendung des Begriffs „Gott“ oder ähnlicher spiritueller Konzepte in diesem Werk ist eine poetische Freiheit, die dazu dient, tiefgreifende Fragen des Seins anzusprechen, ohne sich auf spezifische theologische oder dogmatische Lehren zu beziehen.

Wir laden dich ein, dieses Buch mit offenem Herzen und einem neugierigen Geist zu lesen. Möge es eine Quelle der Inspiration, der Freude und des tiefen Nachdenkens für dich sein. Solltest du dich zu irgendeinem Zeitpunkt unwohl fühlen, erinnere dich bitte daran, dass die Kraft der Geschichten darin liegt, uns zu vereinen, nicht uns zu trennen. Deine Reise, deine Interpretationen und dein Glaube sind einzigartig und wertvoll.

Danke, dass du dir die Zeit nimmst, diese Zeilen zu lesen und dich auf eine Entdeckungsreise zu begeben, die, wie wir hoffen, dein Leben auf positive Weise bereichern wird.

Widmung

Die Idee zu diesem Buch kam in einer Meditation zu mir und hat mich direkt so sehr begeistert, dass ich mich unendlich freue, es nun mit dir teilen zu können. Es ist ein Ruf an deine unbändige Lebensfreude. Es ist die Einladung, jeden Tag als eine Chance zu sehen, mutig deinen Träumen zu folgen und die einzigartige Schönheit deines Seins zu feiern.

Möge jede Seite dich dazu inspirieren, deinen Ängsten mit einem Lächeln zu begegnen, bestehende Überzeugungen mit einem klaren Geist zu überprüfen und mit offenem Herzen durch die Welt zu gehen, um die unendlichen Möglichkeiten zu erkennen, die das Leben dir bietet.

Lass‘ dieses Buch einen liebevollen Begleiter sein, der dich daran erinnert, dass du kraftvoll bist, dass deine Träume Bedeutung haben und dass die weibliche Urkraft in dir eine unerschöpfliche Quelle der Weisheit und Kreativität ist.

Auf, auf, du wundervolle Seele. Lebe deine tiefste Freude, entfache deine glühendsten Leidenschaften und lasse die kraftvolle Energie deiner Intuition endlich frei fließen.

Deine Laura

Inhalt

Prolog

„Ismaaaaeeeel, kommst du jetzt endlich?“ Ich hörte Hermes’ laute und ungeduldige Stimme aus der Ferne zu mir vordringen, während ich die letzten Zeilen der E-Mail zu meinen Prüfungsergebnissen las. Mir fiel ein riesiger Stein vom Herzen, denn dort stand es schwarz auf weiß:

Theoretische Prüfung im Schutzengel-Aufbauseminar – Bestanden!

„Yes, Baby!“, rief ich laut und reckte meine rechte Faust triumphierend in die Luft. Zum Glück! Ich hätte absolut keine Lust gehabt, diese Prüfung wiederholen zu müssen. Schutzengel-Gesetze, hier aufpassen, da aufpassen, worauf man alles achten muss, dieses ganze Blablabla. Unglaublich, auf wie viele dumme Ideen die Menschen in ihrem Alltag so kamen. Da wurde man ja als Engel fast schon paranoid. Jetzt brauchte ich zum Glück nur noch das Grundlagenseminar in *Lebensphilosophie* wiederholen, das ich im ersten Semester elegant hatte ausfallen lassen (reine Faulheit) – und zack würde ich endlich meinen Abschluss in Engelwesen in der Tasche haben. Und dann ab auf die Erde!

Als ich damals an die Uni gekommen war, hatte ich angenommen, Schutzengel zu werden wäre ein Selbstläufer. Ein bisschen Babysitting, ab und zu ein bisschen Schicksal spielen. Aber dann habe ich ziemlich schnell feststellen müssen, dass das längst nicht alles war! Eher wie ein Bootcamp-Training für Engel. Vor allem ging es nicht nur darum, die Menschen davor zu schützen, dass ihnen ein Dachziegel auf den Kopf fällt oder sie vergessen, nach rechts und links zu schauen, bevor sie über die Straße gehen. Wir sollen sie außerdem auch noch vor seelischem Unglück schützen. Say whaaat?! Wohl eher eine Mission Impossible, weil die Menschen anscheinend echt einen Sport daraus machen, ihrem eigenen Schmerz hinterherzurennen, sodass man als Engel manchmal einfach nur kopfschüttelnd daneben sitzen kann. Nichtsdestotrotz konnte ich es kaum erwarten, bald endlich meinen Abschluss in der Tasche zu haben und das erste Mal auf die Erde zu fliegen!

„Ismaaaaeeeel, mann!!", dröhnte Hermes' Stimme aus dem Flur. „Verdammt, kommst du jetzt endlich oder willst du die Vorlesung direkt noch mal ein Semester aufschieben?" Mittlerweile war sein Tonfall ganz klar von ungeduldig zu maximal genervt gerutscht. Hermes war tatsächlich nicht der geduldigste Mitbewohner. Er konnte es gar nicht leiden, wenn man ihn warten ließ oder irgendwas länger dauerte als nötig. Dafür war er allerdings der mit Abstand lustigste Typ und beste Freund, den ich mir vorstellen konnte. Seit dem Moment, als wir uns Anfang des Studiums auf einer der Willkommenspartys der Uni kennengelernt hatten, war klar, dass uns nichts mehr trennen würde. Ich klappte meinen Laptop mit einer zufriedenen Handbewegung zu, verstaute ihn etwas unbeholfen in meinem Rucksack und ging in die Richtung, aus der Hermes' Grummeln kam.

Als ich den Hausflur betrat, war er gerade dabei, ein nigelnagelneues Paar Sneakers anzuziehen. Ich fiel fast vom Glauben ab: „Hermes, ist das verdammt noch mal dein Ernst? Du kannst doch nicht original jedes Mal ein Paar Sneakers von der Erde mitgehen lassen. Was soll der Quatsch? Was, wenn du erwischt wirst? Nur weil du Halbgott bist, heißt das noch lange nicht, dass du einen Freifahrtschein fürs Universum hast, mit dem du dir einfach nehmen kannst, was du willst! Du lieber Himmel, du machst mich noch ganz verrückt!" Hermes schenkte mir sein berühmtes schräges Grinse-Gesicht, bei dem er sein linkes Auge zusammenkniff, das rechte Auge aufriss und von der rechten bis zur linken Seite ein riesiges Grinsen über sein Gesicht erstrahlen ließ. „Also Ismael, mein allerliebster, komplett verkorkster Mitbewohner und Lieblingsengel: Erstens, ich liebe es, wenn du mich daran erinnerst, dass ich ein Halbgott bin! Das vergesse ich bisweilen komplett, wenn ich mich mit Menschen umgebe und beinahe in ihren kleinen Problemchen verliere. Deswegen ist es jedes Mal wie ein Engelschor in meinen Ohren, wenn du sagst: ‚Hermes, du Halbgott!' Und ich habe diese Schuhe nicht ‚mitgehen lassen'. Sie wollten mitkommen! Ich schwör's! Die lagen ganz einsam und allein in diesem Schaufenster und haben gesagt: ‚Hermeees! Hermees! Nimm uns bitte mit! Wir wollen an deinen Füßen ein glückliches Leben führen. Bitteee!' Was hätte ich denn da tun sollen? Die armen Dinger einfach ihrem Schicksal in der Menschenwelt überlassen? Was wäre ich denn dann für ein Halbgott? Das wäre grausam gewesen." Dann streichelte er sanft über die Schuhe, während sein Grinsen noch breiter wurde.

„Was für ein Geschenk, dass du nun auch noch mit Schuhen sprechen kannst und dich ihrem Schicksal annimmst, ich fühle mit dir!", fügte ich ironisch hinzu und zeigte dann mit einer ausladenden Handbewegung auf das Schuhregal in unserem Flur, in dem mehr als 100 Paar Sneakers fein säuberlich aufgereiht nebeneinanderstanden. „Und was ist mit diesen? Sind die auch alle von dir vor ihrem grausigen Schicksal an den Käsefüßen der Menschen gerettet worden?" Hermes grinste mich jetzt noch frecher an als vorher und versuchte sich dann an einem ernsten Gesichtsausdruck – wahrscheinlich, um glaubwürdiger zu erscheinen. „Was soll ich sagen, ich hab' einfach ein Herz für sie! Niemand versteht ihr Leid! Und jetzt komm endlich, wir kommen sonst noch zu spät zur Vorlesung."

Ich schüttelte resigniert den Kopf. Es gab einfach Dinge, über die man mit Hermes nicht zu diskutieren brauchte. Ich gab also auf, ihn eines Besseren belehren zu wollen, zuckte mit den Schultern, schnappte mir meinen Rucksack und folgte meinem Mitbewohner aus der Tür.

Kapitel 1

Hat Gott gerade Sex gesagt?

Zum Campus war es von unserer WG aus zum Glück nur ein Flügelschlag, sonst wären wir auf jeden Fall zu spät dran gewesen. Den Eingang der Uni bildete ein riesiges Tor aus Gold, über dem in großen geschwungenen Buchstaben stand:

UNIVERSITY OF GODS & ANGELS

Jedes Mal, wenn ich den Eingang passierte, bildete sich Gänsehaut auf meinen Armen und meine Flügel vibrierten ein bisschen. Seit Tausenden von Jahren war hier jede große Gottheit und jeder Engel bereits hindurchgeschritten und hatte seinen Auftrag entgegengenommen. Sofort, wenn man durch dieses Tor ging, spürte man die Energie von diesem magischen Ort. Es war einfach einzigartig.

Die University of Gods & Angels lag wunderschön gelegen auf der zweitgrößten der fünf Für-Immer-

Wolken. Die Für-Immer-Wolken waren besondere Wolken im Universum, da sie schon immer existierten und wahrscheinlich auch weiterhin für immer existieren würden, denn sie waren so stabil und groß wie ein eigener Planet. Auf ihnen waren in den letzten Jahrtausenden ganze Städte errichtet worden. Der Campus selbst war an einem steilen Berghang gebaut, sodass er vom Berg schützend umarmt und von einem dicht bewachsenen Wald umgeben war. Dort sprossen alle möglichen Heilpflanzen, und die faszinierendsten Krafttiere und Lichtwesen strichen hindurch. Manchmal, wenn man ganz früh morgens spazieren ging, begegnete man sogar einem von ihnen. Da sie aber unglaublich scheu waren, konnte man nur mit besonders viel Glück mehr als zwei Sekunden einen Blick auf sie erhaschen. Ein besonderer Zauber legte sich abends über den Campus, wenn die Sonne hinter der Erde verschwand und die ganze Universität in einem orange-goldenen Licht erstrahlen ließ.

Auch wenn ich nicht der beste Student war und mich nur sehr ungern mit all diesen langweiligen Schutzengel-Paragrafen herumschlug, musste ich zugeben, dass der Ort eine richtige Granate war. Es gab einfach nichts, was es nicht gab. Swimmingpools, Eisdielen mit jeglichen Geschmacksrichtungen und einen riesigen Schokoladenbrunnen, in dem jeden Tag eine andere Sorte floss. Sogar einen eigenen Engelsflügel-Stylisten gab es. Was soll ich sagen, die Universität wusste schon, wie sie selbst die faulsten Engel und Gottheiten dazu bekommen würde, ihren Hintern auf den Campus und von dort dann im Idealfall auch in die Vorlesung zu bewegen. Bei mir hatte es jedenfalls den größten Teil meiner Studienzeit funktioniert, dachte ich mir, während ich durch das Eingangstor spazierte und dann links auf den mit weißem Marmor gepflasterten Weg abbog, der direkt zum Hauptgebäude führte.

Die allerletzte Vorlesung, bevor ich endlich meinen Abschluss bekam, würde in dem größten Hörsaal der Uni stattfinden, in dem ich bisher noch keine Veranstaltung gehabt hatte. Die anderen Engel hatten mir erzählt, dass dieser Ort wohl nur der renommiertesten Lehre vorbehalten war. Als ich das letzte Mal online nachgesehen hatte, war jedoch noch nicht bekannt gewesen, wer die Vorlesung in diesem Semester halten würde. Hoffentlich kein übereifriger Professor, dachte ich, der ständig alle zum Mitarbeiten bewegen wollte, sondern am liebsten einfach jemand, der kurz vor der Pension steht und nur noch seine letzten Tage bequem absitzen will. Quasi so wie ich, nur andersrum. Denn im Gegensatz zu den meisten meiner vorherigen Veranstaltungen war das heute ein Blockseminar, was bedeutete, dass die gesamte Vorlesung am Stück stattfinden würde. Da wäre es doch schön, wenn ich einfach in einer der letzten Reihen immer mal wieder ein Nickerchen machen könnte. Zusammen mit Hermes betrat ich die große Eingangshalle des Hauptgebäudes.

Die riesige gewölbte Decke zierten die buntesten Bilder von berühmten Engeln und Gottheiten, die bereits an der Uni studiert hatten. Sie erzählten von Heilung, den schönsten Liebesgeschichten und auch von den großen Herausforderungen, vor denen sie manchmal wegen der Menschen gestanden hatten. Die Hauptaufgabe der Engel war es seit jeher, Menschen auf ihren einzelnen individuellen Lebenswegen zu begleiten und zu unterstützen. Dabei ist es immer Grundvoraussetzung, dass die Engel nur dann erscheinen können, wenn sie durch den Wunsch der Menschen gerufen werden. Nur wenn der Mensch sein Bewusstsein für die Engel öffnet, können sie in seinem Leben erscheinen. Ohne Auftrag kein Engel. Bei den Gottheiten verhielt es sich etwas anders. Sie waren für das Halten der Energie im Allgemeinen zuständig. Sie konnten kommen und gehen, wie es ihnen beliebte, weil sie nicht den Ruf eines einzelnen Menschen brauchten, um ihre Arbeit tun zu können, sondern die kollektive Energie stabilisierten. Sie waren für die Balance des Weltlichen und des Spirituellen im Allgemeinen zuständig. Ich hatte in den letzten Jahren schon viel von Hermes darüber gehört, was dabei auch so alles schieflaufen konnte, denn es geschah nicht selten, dass die Gottheiten so mit sich selbst beschäftigt waren, dass sie ihrer Arbeit nicht so wie eigentlich vorgesehen nachkamen. Wie an Hermes' Schuhatelier unschwer zu erkennen war, entwickelten sie gerne eine scheinbar unzertrennliche Liebe zu den weltlichen Dingen.

Es war unmöglich, das Gebäude zu betreten und nicht sofort nach oben zu blicken und von den Malereien in den Bann gezogen zu werden. In die Mitte der Decke war ein riesiges sternförmiges Loch eingelassen, durch das man direkt ins Universum blicken konnte. Von der Halle selbst gingen in alle Richtungen große goldene Portale in die Vorlesungssäle ab. Jedes wurde von einer eigenen Form der heiligen Symmetrie umrahmt. Manche standen offen, da die Veranstaltungen noch nicht begonnen hatten, und es herrschte lauter Trubel und Herumgeschwirre von all den Studierenden, die auf dem Weg in ihre Räume waren oder auf den Fluren standen und sich noch unterhielten.

Hermes deutete mit einem Kopfnicken auf das große Portal am unteren Ende der Halle, das von der Blume des Lebens umgeben war. Als wir den Vorlesungssaal betraten, blieb mir fast die Spucke weg. In diesen Raum passten bestimmt 5000 Studierende, und so gut wie jeder Platz war bereits belegt. Meine Güte, dachte ich, sind die alle hier so übermotiviert?

Sich schon so früh einen Platz zu sichern, am besten noch ganz vorne? Ich ließ meinen Blick durch den Raum schweifen und entdeckte ein paar bekannte Gesichter. Offensichtlich war ich zum Glück nicht der Einzige, der im ersten Semester geschwänzt hatte. Relativ weit oben, in der vorletzten Reihe, entdeckte ich noch zwei freie Plätze nebeneinander und stieß Hermes in die Seite, damit er mir folgte. Oben angekommen, quetschten wir uns durch die Sitzreihe hindurch, um zu den Plätzen zu gelangen. Ich achtete sehr darauf, keiner der Gottheiten auf die Füße zu treten. Das möchten sie nämlich nicht so gerne, hatte mir Hermes mal verraten, als wir an einem Abend über die größten göttlichen No-Gos gesprochen hatten. Tritt einer Gottheit niemals auf die Füße, dann könnte sie sich von dir übergangen fühlen, hatte Hermes damals unter einem lauten Lachen erzählt, weil er seinen Wortwitz so wahnsinnig lustig fand. Typisch Hermes, er konnte über die eigenen Witze immer am besten lachen.

Wir ließen uns auf die Sitze fallen. Ich bemerkte, wie Hermes' Blick einen Moment länger als normal an der Göttin hängen blieb, die neben ihm saß. Er räusperte sich, bevor er ihr mit seinem charmantesten und immer noch etwas schrägen Lächeln die Hand reichte und sagte: „Was für ein Glück, den letzten freien Platz zu bekommen und dann auch noch neben meiner absoluten Lieblingsgöttin sitzen zu dürfen. Ich bin Hermes und das ist mein liebster Lieblingsengel und etwas zerstreuter Mitbewohner Ismael." Er wandte kurz seine Augen von ihr ab und wies zu mir, um zu verdeutlichen, wer gemeint war. „Ismael, darf ich dir vorstellen, Aphrodite. Unnötig hinzuzufügen: Die Göttin der Liebe und der Schönheit."

Etwas überfordert von Hermes' plötzlichem Charme und seinen Gentleman-Manieren, die er bis zu diesem Zeitpunkt hervorragend in sich verborgen haben musste, schenkte ich Aphrodite ein etwas schiefes Lächeln und nickte ihr höflich zu. Sie war tatsächlich unglaublich schön. Von ihr ging eine fast schon pulsierende, vitalisierende Energie aus. Sie war jedoch offensichtlich nicht so richtig auf Hermes' Ansprache vorbereitet gewesen, denn auch sie wirkte ein wenig überfordert und nickte mir nur kurz zu, bevor sie ihren Blick leicht genervt wieder auf ihr Buch senkte, in das sie vorher vertieft gewesen war. Hermes jedoch schien nichts von alldem zu bemerken, sondern drehte sich mit feuerroten Backen wieder in meine Richtung und formte mit seinen Lippen ein lautloses „OH MEIN GOTT!". Er streckte seine beiden Daumen vor der Brust nach oben, so als würde er mir klar machen wollen, dass gerade ein Lebenstraum für ihn wahr geworden war. Offensichtlich fand er seine Position neben Aphrodite hervorragend und konnte sein Glück selbst noch nicht so ganz fassen. Na, das konnte ja spannend werden. Hermes war innerhalb von zehn Sekunden in Aphrodite verknallt und verhielt sich wie ein pubertierender Jugendlicher. Ich musste mich zusammenreißen, um nicht laut loszulachen. Aphrodite hatte es innerhalb von wenigen Sekunden geschafft, den sonst so frechen Hermes in einen kleinen, zahmen, aufgeregten Tiger zu verwandeln. Gerade noch bemerkte ich, wie sich plötzlich die untere Tür des Saals öffnete und Dr. Penemue, die Universitätsdirektorin, mit leichten, fließenden Schritten den Saal betrat.

Ihre Engelsflügel wippten bei jedem Schritt leicht auf und ab und sie schenkte uns ihr berühmtes und beruhigendes Engelslächeln. Bereits seit über dreihundert Jahren stand sie an der Spitze der Universität, und alle, die sie kannten, sagten, es gäbe nichts und niemanden, der sie aus ihrer stoischen Ruhe bringen könnte. Sie blieb vor dem Pult stehen, legte ihre Hände elegant an dessen Seiten ab und ließ ihren Blick ganz ruhig durch die Sitzreihen gleiten. Sie kannte jeden einzelnen Studierenden beim Namen. Auch wenn bekannt war, dass sie streng sein konnte, war es ihr immer ein Anliegen, für alle ein offenes Ohr zu haben.

Dann begann sie mit ihrer sanften, aber klaren Stimme zu sprechen: „Ich freue mich sehr, euch alle hier so zahlreich zu sehen, und ich kann jetzt schon sagen: Diese Vorlesung wird anders sein als alles, was ihr bis jetzt an der Uni gelernt und erlebt habt. Denn wie es der Zufall will, erwartet euch heute eine ganz besondere Überraschung. Wie manche von euch vielleicht schon mitbekommen haben, ist Professor Mebahiah, der diese Vorlesung ursprünglich halten sollte, kurzfristig für einen besonderen Auftrag auf die Erde gesandt worden. Und eigentlich ist ja alles immer für etwas gut... Daher habe ich heute die besondere Ehre, euch verkünden zu dürfen, dass sich niemand Geringeres als Gott selbst dafür entschieden hat, ihn in dieser Vorlesung in *Lebensphilosophie* zu vertreten."

Sie strahlte bei dieser Ankündigung über das ganze Gesicht, während ihre Hand eine einladende Geste in Richtung der Saaltür machte. Ein Raunen ging durch die Reihen und ich sah, wie die meisten Engel und Gottheiten aufgeregt auf ihren Stühlen hin- und herrutschten und nicht richtig glauben konnten, was sie gerade gehört hatten. Gott selbst würde die Vorlesung halten?

Damit hatte anscheinend wirklich niemand gerechnet. Ich konnte es selbst kaum fassen und war mir noch nicht mal sicher, ob irgendjemand hier in diesem Saal Gott bereits zu Gesicht bekommen, geschweige denn mit ihm gesprochen hatte. In diesem

Moment öffnete sich die Tür erneut und es wurde so still im Saal, dass man eine Stecknadel hätte fallen hören können. Alle hielten den Atem an und blickten voller Spannung nach unten. Doch erst mal passierte gar nichts. Gott ließ sich anscheinend Zeit. Warum auch nicht? Er war Gott, warum sollte er sich für irgendjemanden beeilen?

Als ich schließlich doch leise Schritte vernahm, blinzelte ich ein paar Mal, um sicher zu sein, dass meine Augen richtig sahen. Eine kleine Frau kam durch die Tür spaziert. Sie hatte lange, lockige dunkle Haare, karamellfarbene Haut und war vielleicht gerade 1,55 m groß. An den Füßen trug sie rote Chucks und hatte einen Flatterrock aus bunten Blumen und ein weißes T-Shirt mit einem großen gelben Smiley in der Mitte an. Ich blinzelte noch einmal, um sicherzugehen, dass ich meinen Augen trauen konnte. Dann blickte ich zu Hermes rüber, der genauso verwirrt aussah wie ich und alle anderen. Nur auf Aphrodites Gesicht erkannte ich einen zufriedenen, fast stolzen Gesichtsausdruck. Sie war uns anscheinend einen großen Schritt voraus, was ihr Bild von Gott anging.

Gott ging nun mit beinahe tanzenden Schritten auf Dr. Penemue zu, wobei sie eine unverwechselbare Energie umgab. Ein helles, warmes Licht, das den gesamten Raum erhellte. Sie gab Dr. Penemue eine freundschaftliche Umarmung und lächelte sie liebevoll und gleichzeitig verschmitzt an. Offensichtlich hatte sie Freude an all den überraschten Gesichtern. Der Saal hielt noch immer die Luft an. Niemand sagte ein Wort. Sie bedankte sich mit ein paar Worten, die ich nicht verstehen konnte, und ging dann weiter zum großen Tisch neben dem Pult.

Mit einer eleganten Bewegung hüpfte sie rücklings auf den Tisch, sodass ihre Füße nun locker herunterbaumelten, als würde sie an einem Schwimmbecken sitzen und ihre Füße zum Abkühlen ins Wasser halten. Während sie ihre Hände rechts und links abstützte, ließ sie den Blick ganz ruhig durch den Saal streifen. Nun konnte ich das erste Mal ihr Gesicht ganz klar sehen. Hellgrüne Augen leuchteten in einer solchen Klarheit und Lebensenergie, wie ich es noch nie zuvor gesehen hatte. Ihre gesamte Aura war unbeschreiblich. Wahrscheinlich hätte sie nicht ein einziges Wort sagen müssen, weil allein ihre Präsenz so viel Wissen, Liebe und Energie ausstrahlte, dass man damit ganze Bücher füllen könnte.

Offensichtlich gefiel es ihr, in die vollkommen verwirrten Gesichter der Studierenden zu blicken, denn ihr verschmitztes Lächeln umspielte weiterhin ihren Mund. Sie erinnerte mich an ein kleines Kind, dem ein lang geplanter Streich gelungen war. Sich anmerken zu lassen, dass sie ihn selbst ausgeheckt hatte, lag nicht in ihrem Sinn. Da ich es selbst liebte, andere auszutricksen oder Hermes in den unerwartetsten Momenten zu erschrecken, konnte ich nicht anders, als Gott schon jetzt verdammt sympathisch zu finden. So komisch sich dieser Gedanke auch anfühlte, aber sie erinnerte mich irgendwie an mich selbst.

„Guten Morgen, meine Lieben“, sagte sie schließlich mit einer ganz ruhigen, klaren und heilsam klingenden Stimme, die ihr Vergnügen verriet. „Wie schön, hier zu sein und die nächsten Stunden mit euch verbringen zu dürfen. Was für eine Freude! Wie ich sehe, sind manche von euch von meinem Erscheinen in dieser Form überrascht. Natürlich ist mir klar, dass ihr wahrscheinlich die Geschichten der Menschen kennt. Wie ich angeblich aussehe, welches ‚Geschlecht‘ ich habe. Ich mach's an dieser Stelle ganz kurz: Das meiste, was sich die Menschen über Gott erzählen, ist einfach nur ihre persönliche Sicht auf die Welt, wie die Dinge zu sein haben. Sie sehen Gott als eine biblische Figur oder einen Schlüssel für Macht, um ihre Wahrheit zu untermauern. Der Mensch mag es, wenn etwas klar definiert ist, das gibt ihm Sicherheit. Und da ist es natürlich naheliegend, auch mich definieren zu wollen. Ich nehme es ihnen natürlich nicht übel. Sie tun das, was in dem Moment von ihrem Bewusstsein her denkbar ist. Der Mensch hat immer die freie Wahl. Es ist ja gerade das Vergessen des Göttlichen in allem, was die menschliche Reise so wahnsinnig spannend macht. Und genau hier liegt bereits einer der ersten und vielleicht auch wichtigsten Schlüssel, wenn ihr den Menschen dabei helfen möchtet, das Leben wieder lieben zu lernen und ihr wahres göttliches Bewusstsein wiederzuentdecken.

Denn das ist es ja, worum es in dieser Vorlesung geht, nicht wahr? *Lebensphilosophie* ist letztlich nichts anderes als die Wissenschaft davon, wie man das Leben wieder lieben kann und was der Sinn des Lebens ist. Und eines der Dinge, die den Menschen dabei am meisten im Wege stehen, ist, meinen zu wissen, wie die Dinge wirklich sind! Es sind die vorgeformten Überzeugungen, die irgendwann im Kopf gebildet worden sind, die dazu führen, dass die Menschen nicht mehr sehen, was das Leben eigentlich für Wunder bereithält – und dass das Leben selbst ein Wunder ist! Menschen wollen Recht haben, anstatt den Weg vom Kopf wieder ins Herz zu finden und aus Liebe und Verbindung heraus ihre wahre Größe zu leben.

Eine dieser hartnäckigen Überzeugungen bezieht sich eben genau auf meine Form, darauf, wer Gott ist und wer nicht. Und egal, auf wie vielen Wegen ich es bisher versucht habe, die Menschen sind wirklich ziemlich dickköpfig, was ihre Vorstellung von mir angeht. Dabei kann Gott jede Form annehmen.

***Es gibt nichts, was ich nicht sein kann,
ich lebe in allem und es gibt nichts in
diesem Universum, durch das kein
göttliches Bewusstsein fließt. Ich kann für
jeden Menschen das sein, was dieser Mensch
braucht. Ich kann mit allen Namen
und Erscheinungsbildern gerufen werden.
Ich bin in jedem Element zu finden, in jedem Stein,
in jeder Welle, in jeder Wolke, in jedem Stern,
in jedem Wort. Ich bin Schöpfung.
Alles und gleichzeitig nichts.
Es gibt keinen Ort, an dem ich nicht bin.
Es gibt keinen Ort, an dem ich nicht
gefunden werden kann.***

Als mich Dr. Penemue vor ein paar Tagen also fragte, ob ich mir vorstellen könnte, die Vorlesung in *Lebensphilosophie* kurzfristig zu vertreten, war für mich sofort klar, dass ich diese Gelegenheit nutzen möchte, um euch das wichtigste Wissen für euren Job auf der Erde persönlich mitzugeben; und auch, in welcher Form ich erscheinen würde.

Denn ein wichtiger Aspekt dieser Vorlesung ist eine neue Auffassung der femininen Energie. Ich werde diese Vorlesung in der Verkörperung einer Frau halten, nicht nur, weil es für mich selbst jedes Mal unglaublich kraftvoll und inspirierend ist, die weibliche Urkraft in dieser Form zu spüren, sondern weil der Kern dieser Vorlesung die Entdeckung und Entfaltung dieser Kraft sein wird. Welche Form wäre da passender als die der Frau? Denn sie ist es, die Leben erschafft und verbindet. Und das kommt dem Göttlichen schon ziemlich nahe.

So viel möchte ich vorab sagen. Ich will hier gar nicht zu viel vorwegnehmen, da wir in den nächsten Stunden noch im Detail über all das sprechen werden. Außerdem möchte ich mit euch gemeinsam arbeiten. Ihr könnt jetzt also alle tief durchatmen, euch daran gewöhnen, dass Gott durchaus auch eine Frau ist, euch auf euren Stühlen entspannen und die Notizbücher rausholen, denn wir legen nun los! Ich freue mich wie ein Honigkuchenpferd auf unsere gemeinsame Zeit. Was für ein spannendes Thema: *Lebensphilosophie*!"

Sie klatschte vergnügt in ihre Hände, lächelte sichtbar zufrieden über ihre Ansprache, hüpfte vom Tisch herunter, wobei ihr Rock sich wie ein kleiner Fallschirm aufspannte. Sie erinnerte mich an ein kleines, glückliches Mädchen, das auf dem Spielplatz eine großartige Zeit hatte. Gott ging ein paar Schritte durch den Vorlesungssaal, legte ihre rechte Hand nachdenklich ans Kinn und schien für einen

Moment nach den richtigen Worten zu suchen. Dann huschte dasselbe diebische Grinsen über ihr Gesicht wie zuvor, und es schien, als hätte sie einen Geistesblitz. Ich war gespannt, was jetzt kommen würde, denn offensichtlich war Gott wirklich verdammt gut darin, für Überraschungsmomente zu sorgen.

„Eure Aufgabe als Engel und Gottheiten ist es, Menschen auf der Erde zu begleiten und sie darin zu unterstützen, ein möglichst erfülltes Leben zu erschaffen. Dies gelingt ihnen, wenn sie im Einklang mit ihrer Seele leben und sich an ihre innere Größe erinnern. Gleichzeitig wissen wir ja alle, dass eine Seele, die in die materielle Welt reist, eine Art spirituelle Amnesie erleidet. Sie vergisst praktisch alles! Woher sie in Wahrheit kommt, dass ihr eigentliches Wesen reine Liebe ist und sie in Ko-Kreation mit dem Universum letztlich alles erschaffen könnte, wonach ihr die Laune steht. Sie vergisst auch, dass es uns spirituelle Wesen gibt. Dieser Gedächtnisverlust führt dazu, dass der Mensch auf der Erde seinen freien Willen hat. Er wird sich in allem erfahren, was er möchte, im Guten wie im vermeintlich Schlechten. Wenn er möchte, ist es möglich, in allem das Göttliche und auch sich selbst wiederzuentdecken. Aber er kann auch immer wieder gegen die Wand rennen und sich damit weigern, in sein Wachstum zu kommen. Ich lenke den Menschen nicht. Ich habe ihm seinen freien Willen geschenkt, um sich selbst als das göttliche Bewusstsein erleben zu können. Ebenso wie Eltern ihre Kinder auf die Welt bringen, sie über alles lieben und alles daransetzen werden, dass sie ein erfülltes Leben haben. Dennoch werden sie letztlich keinen Einfluss darauf haben, wie ihr Kind sich entscheidet, was es aus seinem Leben machen will. Genauso ist es für mich mit den Menschen. Sie sind meine Kinder – ich liebe jedes über alles und gebe ihnen mit, was ich kann, aber ich habe keinen Einfluss darauf, was sie aus der Erfahrung machen. Eigentlich eine klasse Sache. Die Herausforderung, die dabei jedoch entsteht, ist, dass der Mensch definitiv manchmal ein bisschen Unterstützung braucht, um den Weg wieder nach Hause zu finden. Sich zu erinnern, wer er in Wahrheit ist. Damit tut sich die Erdbevölkerung ganz schön schwer. Gerade in den letzten Jahrhunderten hat sie sich wirklich verdammt viel Mühe gegeben, sich auf keinen Fall an ihren spirituellen Anteil zu erinnern. Und hier kommt ihr ins Spiel! Als Engel und Gottheiten ist es eure primäre Aufgabe, den Menschen zu helfen, sich zu erinnern. Ihr müsst sie darin unterstützen, wirklich und wahrhaftig wieder ins Leben zurückzufinden! Ihre Zeit auf der Erde nicht mehr wie ein kleines frustriertes Fleischklößchen abzusitzen, sondern so richtig zu leben!

Wenn wir ihr mich jetzt fragen würdet, was das Rezept für ein richtig glückliches, erfülltes, ja ekstatisches

Leben ist, ein Leben, in dem der Mensch so richtig aufblüht und sich selbst als schöpferisches spirituelles Wesen erfahren kann, dann ist meine Antwort:

Lebe, als hättest du Sex mit dem Universum.
Lebe, als hättest du die erfüllteste, leidenschaftlichste und tiefste Verbindung mit dem Universum.

Das Leben entfaltet seine ganze Schönheit und Essenz dann, wenn der Mensch wiedererkennt, dass er in Wahrheit in einer ständigen Beziehung zum Universum ist. Je mehr diese Verbindung mit Liebe, Vertrauen und Freude gefüllt wird, desto unglaublicher wird die Erfahrung des Menschen auf der Erde sein. Er wird wissen, wer er in Wahrheit ist. Er wird sich an seine eigene Vollständigkeit, an sein göttliches Licht und an die Freude erinnern. Er wird aufhören zu glauben, nur ein Körper in seiner physischen Existenz zu sein und sich ständig den Kopf zu zerbrechen. Er wird sich wieder mit seiner Energie identifizieren. Er wird eins sein mit der Schöpfung."

Wenn es vorhin schon mucksmäuschenstill im Raum gewesen war, stand jetzt gefühlt auch die Zeit still. Ich war mir nicht sicher, Gott richtig verstanden zu haben: Hatte Gott gerade wirklich SEX gesagt? Say whaat? Und dass für ein glückliches Leben die Menschen so leben müssten, als hätten sie Sex mit dem

Universum? Krass. Spätestens jetzt hatte sie meine volle Aufmerksamkeit und in mir machte sich die kühne Vermutung breit, dass diese Vorlesung anders sein würde als alles, was ich bisher an der Uni gelernt hatte. Ich spürte, wie ich mein Bewusstsein durch diese neuen Gedanken ordentlich stretchen musste, weil sich mein bisheriges Welt- und Menschenbild ziemlich davon unterschied, was Gott uns da gerade erklärte! Ich drehte meinen Kopf langsam zu Hermes, dessen verwirrter Gesichtsausdruck nun nur noch ein einziges großes Fragezeichen zeigte. Seine Wangenfarbe war beim Wort Sex von rot zu purpurn gewechselt. Aphrodite hingegen schien vollkommen von Gott in den Bann gezogen, strahlte übers ganze Gesicht und lehnte sich gelassen auf ihrem Stuhl zurück, voller Vorfreude darauf, was diese Vorlesung anscheinend beinhalten würde.

Kapitel 2

Kleine Kontrollettis

Gott klatschte vergnügt in die Hände und war offensichtlich mehr als bereit, tiefer in das Thema einzusteigen. Sie nahm sich ein Stück Kreide aus einem kleinen Fach, das an der Tafel befestigt war, und blickte mit ihren strahlenden Augen in die fragenden Gesichter der Studierenden.

„Also, ihr Lieben, dann lasst uns mal loslegen und gemeinsam Lösungen finden, wie wir die Menschen bestmöglich auf ihrer spirituellen Reise zurück zu sich selbst unterstützen können. An alle Gottheiten: Was habt ihr bei euren bisherigen Ausflügen auf die Erde über Sex, die Menschen, ihre Herausforderungen und das Universum beobachtet und gelernt? Was macht eurer Erfahrung nach guten Sex aus? Wie kann der Mensch wieder in eine Liebesbeziehung mit dem Universum kommen? Woran hapert's?“

Es herrschte betretene Stille im ganzen Saal. Einer der Götter in der dritten Reihe hustete verlegen und alle – außer Aphrodite – versuchten jetzt bloß nicht dem Blick von Gott zu begegnen. Ihre Hand schoss schneller in die Luft, als ich bis drei zählen konnte. Sie schnippte aufgeregt mit den Fingern, was natürlich völlig unnötig war, da alle anderen im Vorlesungssaal mucksmäuschenstill waren. Gott erblickte Aphrodite und strahlte sie an. „Aphrodite, meine Liebe, wie schön, dich zu sehen. Mit Sicherheit gibt es einiges, was du zu dem Thema beitragen kannst. Was ist deine Sicht auf die Dinge?“

Aphrodite atmete so erleichtert auf, als wäre sie in wenigen Sekunden geplatzt, wenn sie weiterhin alles hätte für sich behalten müssen. „Danke, ich freue mich so sehr hier zu sein und weiß gar nicht, wo ich anfangen soll, das ist ja alles so wahnsinnig aufregend”, sagte sie ganz hibbelig. Die Worte überschlugen sich beinahe, so schnell sprudelten sie aus ihr heraus. Dann holte sie tief Luft und fuhr mit derselben Euphorie fort: „Wie die meisten von euch wissen, bin ich die Göttin der Liebe und Sinnlichkeit. Und ich stimme dir vollkommen zu, Gott, dass das, was wirklich guten Sex ausmacht, genau dieselben Qualitäten sind, die ein erfülltes Leben ausmachen. Die Menschen, die ihren Körper lieben und ihn zelebrieren, die sich wohlfühlen und sich selbst vertrauen, erleben ein Feuerwerk aus Gefühlen,

Empfindungen und Verbindung, während sie Liebe machen. Aber um diese Intensität von ekstatischem Sex überhaupt erleben zu können, braucht es eben echte Hingabe, Mut, Liebe, Ehrlichkeit, Neugierde, Verschmelzung! Man muss seine Seele und seinen Körper berühren lassen. Wenn sich die Menschen vollkommen hingeben, raus aus dem Kopf und rein ins Fühlen kommen, entsteht Leidenschaft, Freude, Einssein und das Herz erinnert sich! Das ist die sexuelle Urkraft! Wenn sie genau diese Qualitäten auf alles übertragen würden, würde das ihr Leben komplett transformieren. Sie könnten sich wieder in es verlieben und jeden Tag als einen Ausdruck ihrer Lebensfreude erleben."

Aphrodite leuchtete förmlich, so begeistert war sie von diesem Thema. Hermes saß mit offener Kinnlade daneben und lächelte sie etwas dümmlich an. Spätestens jetzt war er ihr hoffnungslos verfallen. Ich stupste ihn leicht mit dem Ellenbogen in die Rippen, damit er wieder zu Bewusstsein kam und seinen Mund schloss. „Hermes", flüsterte ich leise, „kommst du klar?" Hermes wandte seinen Kopf mit einer langsamen Bewegung zu mir und blickte mich mit einem vollkommen verschleierten Blick an. Ihn konnte jetzt wohl nichts mehr retten. Ich musste bei seinem Anblick grinsen und versuchte, meine Aufmerksamkeit wieder auf Gott zu richten.

„Danke, liebe Aphrodite, genauso ist es! Was für ein Glück, dass wir dich heute bei uns haben und du uns an deinem umfangreichen Wissen über die Liebe teilhaben lassen kannst!", antwortete diese lächelnd, während sie mit beschwingten Schritten zur Tafel ging und dann in großen Buchstaben festhielt:

LIEBE
VERTRAUEN
EKSTASE
NEUGIERDE
MUT
HINGABE
EHRLICHKEIT
FREUDE
EINSSEIN
VERSCHMELZUNG

„Ich denke, damit können wir ganz wunderbar anfangen zu arbeiten", sagte sie zufrieden und blickte wieder zu ihren Studierenden. „Wenn wir davon ausgehen, dass diese Qualitäten ja eigentlich in jedem Menschen vorhanden sind und sie sich damit theoretisch ein gutes – ein wirklich verdammt gutes – Leben erschaffen könnten – was würdet ihr sagen, wo steht sich denn der Mensch dann eigentlich im Weg? Warum lebt er nicht in dieser Energie und in diesem Selbstausdruck?" Erneut schoss Aphrodites Hand, noch bevor Gott ihre Frage zu Ende gestellt hatte, hoch in die Luft, und sie schnippte wieder aufgeregt mit den Fingern, während sie ihren Arm mit der anderen Hand angestrengt abstützte. Mich beschlich die leise Vorahnung, dass es ganz schön nervig werden könnte, die ganze Vorlesung neben ihr zu sitzen – ganz im Gegensatz zu Hermes, der hoffnungslos in Aphrodites Bann gezogen worden war.

Dieses Mal wartete Gott ganz in Ruhe, ob sich vielleicht noch jemand anderes zu Wort melden würde, was Aphrodite nur noch mehr anspornte, ihren Arm höher zu strecken, in der Hoffnung, so vielleicht doch etwas sagen zu können. In der zweiten Reihe hob jetzt ein Engel mit langen blonden Haaren und karamellfarbenen Augen zögerlich seine Hand. Gott lächelte ihn an und sagte fröhlich: „Gabriel, mein Lieber! Was für eine Freude, auch dich zu sehen! Was möchtest du mit uns teilen?“

Aphrodite legte ihre Hand mit einem übertriebenen Seufzer zurück in den Schoß, während Gabriel verlegen lächelte, sich räusperte und dann mit einer ganz ruhigen und sanften Stimme zu sprechen begann.

„Ich bin mir nicht sicher, ob ich die richtigen Worte finde, aber die Menschen wirken auf mich manchmal wie so kleine Kontrollettis, die dem Leben keinen Millimeter über den Weg trauen. Sie meinen, alles selbst machen zu müssen. Es wirkt beinahe so, als würden sie sich verbieten, mit Freude durchs Leben zu gehen und die Verbindung zu sich und anderen zu spüren. Sie scheinen sich sicherer im Misstrauen zu fühlen, als wieder zu vertrauen. Die denken tatsächlich, dass sie mit ihrem ständigen ‚alles kontrollieren' das Leben irgendwie beeinflussen könnten und bemerken dabei überhaupt nicht, wie sie genau dadurch ihr gesamtes Leben verpassen. Die sind einfach komplett im Kopf und null im Herz. Dadurch sind sie getrennt von ihrer spirituellen Verbindung, ihrer Intuition und ihrer inneren Weisheit." Gabriel zog fragend die Schultern nach oben, um zu verdeutlichen, dass er aus diesem merkwürdigen Verhalten der Menschen einfach nicht schlau wurde. „Also, um bei deinem Bild zu bleiben, Gott, anstatt Liebe mit dem Universum zu machen und eine erfüllte Beziehung mit ihm zu leben, bleiben sie im übertragenen Sinne lieber Single und rennen von einer dramatischen Affäre in die nächste, weil sie nicht wagen, sich auf die große Liebe einzulassen. Sie haben Angst, verletzt zu werden. Sie lassen sich überhaupt nicht mehr vom Leben berühren und ziehen lieber ihre Mauern hoch. Das ist manchmal wirklich zum Verrücktwerden. Ganz zu schweigen davon, wie dickköpfig die meisten Menschen dann auch noch an ihrer Kontrolle festhalten wollen. Die sind davon wirklich nicht abzubringen. Da wirst du als Engel glatt arbeitslos. Da sendet man ihnen eine Million wirklich ganz klare Zeichen und dann machen sie es trotzdem genau andersherum. Kürzlich habe ich zum Beispiel eine Frau als Schutzengel begleitet, und ich sag's euch, die war so dermaßen dickköpfig, dass sie unbedingt wieder zurück in ihre wirklich offensichtlich nicht glücklich machende Beziehung wollte, obwohl sie es doch endlich geschafft hatte, sich zu trennen. Ich dachte, ich werde gleich bekloppt! Wirklich, egal welches Zeichen ich ihr geschickt habe, von Botschaften auf ihrem Tee wie ‚Höre auf deine Intuition, nicht auf deine Angst' über einen Podcast, der plötzlich bei ihr auf dem Handy anging, in dem eine Therapeutin über Narzissmus erzählt, bis dahin, dass ich sie ihre Bahn habe verpassen lassen, mit der sie wieder zu ihm fahren wollte. Und was macht sie? Wartet im kalten Regen auf die nächste Bahn! Also, was soll ich dann noch machen? Ich hätte ausflippen können. Warum geht sie nicht einfach nach Hause, meditiert, heilt, verbindet sich mit ihrer Spiritualität, sieht ihren eigenen Wert, hört auf ihr Herz und lässt es sein, irgendwelchen Männern hinterherzulaufen, die wirklich komplett die Falschen für sie sind?"

Gabriel hielt wieder kurz inne, er hatte einen richtig roten Kopf bekommen und atmete schwer. Er sah beinahe etwas verzweifelt aus. Dann fuhr er fort: „Deswegen, wenn ich so darüber nachdenke, was den Menschen dabei im Weg steht, genau diese leidenschaftliche Beziehung mit dem Universum zu erleben, dann ist es wahrscheinlich ihre Angst davor, sich dem Leben voller Vertrauen hinzugeben. Sich quasi nackig zu machen. Sich ganz zu zeigen, so wie sie sind, und sich fallen zu lassen. Sie können diese Beziehung zum Universum überhaupt nicht spüren, weil sie sich selbst nicht spüren. Sie sind nicht mit sich selbst verbunden und deswegen schon gar nicht mit dem Universum. Dabei müssten sie eigentlich nur ihren spirituellen Stecker wieder in die universelle Steckdose stecken und würden durchflutet werden mit der universellen Energie der Liebe. Stattdessen sind sie völlig in ihrem Angstfilm gefangen und fühlen sich machtlos. Außerdem schämen sie sich, fühlen sich ständig nicht gut genug und geben anderen die Schuld für alles. Und um diese Erfahrung etwas weniger schmerzvoll zu machen, versuchen sie, das Ganze irgendwie zu kontrollieren oder sich abzulenken. Was natürlich völlig bekloppt ist, weil man das Leben nicht kontrollieren, sondern eben nur erleben kann."

Gabriel holte tief Luft und räusperte sich verlegen, als er bemerkte, dass ihm der gesamte Hörsaal gebannt lauschte. Ich war ganz schön neidisch, dass er schon auf der Erde gewesen war. Das klang echt spannend! Wahrscheinlich ein Masterstudent. Gott allerdings war offensichtlich begeistert von seinen Beobachtungen, warf ihm die Kreide zielgenau in die Hände und sagte: „Ganz wunderbar zusammengefasst, Gabriel! Sei so lieb und schreib an die Tafel, welche inneren Bewusstseinszustände den Menschen aus deiner Sicht bisher am meisten im Weg stehen, um eine erfüllte Beziehung mit dem Universum erleben zu können."

Gabriel fing die Kreide etwas verdutzt, aber gekonnt auf und ging mit schwebenden Schritten zur Tafel. Gut lesbar schrieb er neben die bereits von Gott festgehaltenen Begriffe:

ANGST
SCHAM
SCHULD
MISSTRAUEN
KONTROLLE

Danach legte er die Kreide zurück in die kleine Halterung an der Tafel. „Mhh... Sehr interessant, danke!", sagte Gott nachdenklich, während Gabriel sich wieder zurück auf seinen Platz setzte.

Kapitel 3

Spirituell ein bisschen verklemmt

„Lasst uns diese Bewusstseinszustände einmal genauer ansehen. Was verbirgt sich hinter ihnen? Alles, was der Mensch tut, dient ihm auf gewisse Weise. Um eine bestimmte Erfahrung, die er wählt, zu machen. Was glaubt ihr, wozu wählt der Mensch Angst, Schuld, Scham, Misstrauen und Kontrolle?"

Mehrere Engel und einige Gottheiten fanden mittlerweile den Mut, sich zu melden. An verschiedenen Plätzen im Hörsaal gingen ihre Hände in die Luft. Gott ließ ihren Blick durch die Reihen schweifen und nickte einer Studentin, die ungefähr in der Mitte des Hörsaals saß, aufmunternd zu. Mein Herz machte einen Satz, als ich sie erblickte. Sie war unfassbar schön und strahlte eine so reine Harmonie aus, wie ich sie noch nie zuvor bei einem Engel gesehen hatte. Lange schwarze Locken fielen ihr über die Schultern und leicht über die Augen. Sie hatte eine olivfarbene Haut und trug ein in bunten Farben strahlendes Engelsgewand. „Amaliel, so schön, dich hier zu sehen, was möchtest du mit uns teilen?“, lud Gott sie liebevoll ein, zu sprechen.

Amaliel, wiederholte ich leise, und spürte, wie der Name etwas in mir aufwirbelte und mein Herz schneller schlagen ließ. Amaliel. Amaliel, Amaliel! Als sie zu sprechen begann, sah ich wahrscheinlich genauso hoffnungslos verknallt aus wie Hermes.

Der ganze Raum wurde jetzt von ihrer warmen und gleichzeitig angenehm vollen Stimme ausgefüllt, die mich eher an Gesang als an gesprochenes Wort erinnerte. „Ich glaube, es hängt mit dem Zugang zum eigenen Bewusstsein zusammen. Jede Veränderung beginnt mit einem Innehalten – einem Wandel des eigenen Bewusstseins. Sich bewusst zu werden, was jetzt gerade ist – und was möglich ist. Die Frau, von der Gabriel berichtet hat, ist ein wunderbares Beispiel, und ich denke, jeder von uns Engeln hat bereits von Hunderten ähnlicher Erfahrungen auf der Erde gehört. Der Mensch kann immer nur das für sich kreieren und für möglich halten, was ihm im Rahmen seines Denkens zu diesem gegebenen Zeitpunkt umsetzbar erscheint. Wenn man misstraut und das Leben kontrollieren will, dann ist es letztlich nur ein Ausdruck davon, dass man Angst hat.

Dass man überzeugt ist, es würde einem an etwas mangeln. An Wert, an Liebe, an Glück, an Fähigkeiten vielleicht. Und selbst daran schuld zu sein.

Die Menschen wollen die Kontrolle behalten, weil sie irgendwann in ihrem Leben das Gefühl bekommen haben, machtlos zu sein.

Das ging oft schon in der Kindheit los. Sie machen schwierige Erfahrungen und dann, zack – ist der eigene Einfluss aufs Leben, die Schöpferkraft völlig vergessen. Kontrolle ist letztlich das vermeintliche Mittel der Angst gegen das Gefühl reiner Hilflosigkeit. Hinter der Kontrolle liegt also einfach – Angst. Angst davor, nicht geliebt zu sein. Nicht okay zu sein, so wie man ist. Die Angst bildet also nichts anderes als einen Schutz vor dem Schmerz, der großen Scham, die mit diesen Gedanken verbunden ist. Das Schlimme ist, dass Schuld und Scham Bewusstseinszustände sind, die lähmend wirken. Sie halten die Menschen in einer Schockstarre. Mein lieber Scholli, was manche Menschen für einen Quatsch machen. Bestes Beispiel: Scham! Ich meine, wow! Was für ein Geschenk der menschliche Körper ist, gerade auch der weibliche! Pure Lust! Leben erschaffen und gebären können! Und dann verwehren sich Menschen den größten Spaß überhaupt, nämlich Liebe miteinander machen zu können, weil sie sich irgendwie für ihren Körper schämen. Der Mensch ist quasi spirituell komplett verklemmt. Er hängt energetisch in seinem Schmerz der Vergangenheit fest und verhält sich, als hätte er einen Sprung in der Platte. Deswegen kann er auch keinen guten Sex mit dem Universum haben, weil die Verbindung überhaupt nicht da ist. Er ist getrennt von sich und damit auch von allem, was ihn umgibt."

Amaliel hielt erneut kurz inne, um ihren nächsten Gedanken zu formulieren, bevor sie mit ihrer weichen, klangvollen Stimme ganz ruhig weitersprach. „Paradoxerweise erlebt der Mensch aber dadurch die ganze Zeit das, was er eigentlich vermeiden will. Denn durch diese Kontrolle schneidet er sich jetzt schon von seinen Gefühlen ab. Durch die darunterliegende Angst ist er bereits im Schmerz. Durch die Schuld und die Scham kann gar keine wirkliche Verbindung gelebt werden, weil sie wie eine meterhohe Mauer sind, die den Menschen umgibt. Die wesentliche Aufgabe des Menschen aus spiritueller Sicht ist es also nicht länger, in der Angst gefangen zu sein, sich zu verurteilen und das Leben aus der gefühlten inneren Hilflosigkeit heraus kontrollieren zu wollen, sondern vielmehr zu erkennen, dass der einzige Weg aus dem Schmerz die Veränderung des eigenen Bewusstseins ist. Die einzige Möglichkeit ist, durch den Schmerz zu gehen und sich dem zu stellen, was geheilt werden möchte. Man entgeht Schuld und Scham nur, wenn man aufhört, sich zu vergleichen und von der Meinung anderer abhängig zu machen. Man muss entscheiden, voll in die Selbstwirksamkeit zu kommen, spirituell zu wachsen und sich auszuweiten, statt dieses ewigen Klein-Machens. Die Seele braucht das! Sie muss sich ausweiten und erfahren können, sonst wird sie depressiv.

Der Mensch muss die bewusste Wahl treffen, sich an die eigentlichen Wurzeln erinnern zu wollen. Das Zuhause aus Liebe, in dem Freude, Leidenschaft und Begeisterung über sich selbst und dieses Leben wirken. Denn nur, wenn diese Wahl getroffen wird, kann Heilung eintreten. Wenn diese Wahl getroffen wird, entsteht überhaupt erst die Möglichkeit für Transformation. Worauf ich hinaus möchte, ist, dass unsere Aufgabe als Engel wahrscheinlich gar nicht so sehr ist, sie ihre Züge verpassen zu lassen oder davor zu bewahren, sich wieder in die falsche Beziehung zu stürzen. Stattdessen müssen wir Wege finden, ihnen dabei zu helfen, bewusster zu leben. Aufzuwachen und sich daran zu erinnern, dass sie eine Wahl haben, wie sie sich selbst und ihr Leben erfahren können. So ein bisschen wie die Geschichte, dass es nichts bringt, jemandem, der hungert, einen Fisch zu fangen, sondern dass das Einzige, was den Hunger wirklich lösen wird, ist, ihm beizubringen, eine Angel zu bauen, damit er jeden Tag selbst seinen Fisch fangen kann."
Zustimmendes Gemurmel machte sich im Hörsaal

breit. Einige Engel tauschten flüsternd ihre Gedanken zu den Worten von Amaliel aus.

Ich wünschte, sie würde nie wieder aufhören zu sprechen, dachte ich völlig hin und weg von ihrer Energie und all den weisen Worten. Ich konnte mich nicht entsinnen, dass jemals zuvor irgendein Engel eine ähnliche Anziehung auf mich gehabt hätte. Jetzt war es Hermes, der mich mit dem Ellbogen in die Seite stupste. „Mann, Ismael, du schaust, als hättest du einen Geist gesehen. Alles okay?“ „Ja, ja, alles super!“, murmelte ich noch leicht vernebelt und war dankbar, als ich Gottes Stimme hörte, die Hermes’ Aufmerksamkeit zum Glück wieder von mir weglenkte.

„Amaliel, was für eine ganz wundervolle Ausführung deiner Beobachtungen und tiefgründigen Gedanken. Das war sehr wertvoll für unseren weiteren Austausch in dieser Vorlesung! Bevor wir nun aber weiter sprechen, lade ich euch ein, euch für die nächsten Minuten frei durch den Vorlesungssaal zu bewegen und euch zu dritt mit anderen Engeln und Gottheiten zusammenzufinden, die ihr noch nicht kennt. Tauscht euch darüber aus, was ihr in der ersten Hälfte der Sitzung bereits mitgenommen habt.“ Sie machte eine einladende Armbewegung, um uns zum Aufstehen aufzufordern, woraufhin ein buntes Gewusel begann.

Alle standen auf und bewegten sich durch den Saal, um jemanden zu finden, den sie noch nicht kannten. Auch ich machte mich auf die Suche und steuerte beinahe wie fremdgesteuert Richtung Amaliel, in der Hoffnung, mit ihr ein paar Worte wechseln zu können. Und tatsächlich meinte es das Schicksal wohl gut mit mir. Nur ein paar Meter weiter sah ich sie zusammen mit einer Göttin in ein Gespräch vertieft.

Die andere Studentin war ungefähr einen Kopf größer als Amaliel, und ihre wunderschöne dunkle Haut schimmerte golden. Ihr Haar, das sie als Afro trug, sah aus wie eine königliche Krone auf ihrem Kopf. Sie war wie Amaliel in ein wunderschönes Gewand gehüllt und hatte eine friedliche Aura. Ich nahm all meinen Engelsmut zusammen und trat zu den beiden. „Hallo, darf ich eurem Kreis beitreten?", fragte ich mit einer merkwürdig hohen Stimme und räusperte mich verlegen, als beide mich etwas verwundert ansahen. „Natürlich", sagte die Göttin, die neben Amaliel stand, mit einem einladenden Lächeln, was mich direkt etwas weniger angespannt sein ließ. „Wie heißt du?", fragte sie mich. „Ich bin, ähm, Ismael!", stammelte ich, während ich spürte, wie mir die Röte ins Gesicht schoss. Cool bleiben, Ismael, bleib cool, Junge. „Freut mich, Ismael, ich bin Persephone, und das ist Amaliel." Während Amaliels Energie mir schon von den letzten Saalreihen aus fast den Atem geraubt hatte, war es jetzt, als würde mein ganzer Körper vibrieren. Ich stand wirklich direkt neben ihr! Ich konnte mein Glück kaum fassen.

„Hallo Ismael!“, sagte sie jetzt mit ihrem atemberaubend schönen Lächeln. Oh mein Gott, sie hat meinen Namen ausgesprochen! Atmen. Atmen. Jetzt erst mal einfach nur atmen. In dem Moment rettete mich plötzlich Hermes' Hand auf meiner Schulter, der offensichtlich noch keine eigene Gruppe gefunden hatte und sich bei mir hereinschleichen wollte. Dann bemerkte er, dass wir bereits zu dritt waren, und sagte mit seinem so verdammt charmanten Hermeslächeln: „Ladies! Wie ich sehe, habt ihr mir meinen wundervollen Mitbewohner Ismael weggeschnappt. Sehr schade, aber nun gut, ich ziehe weiter und versuche mein Glück woanders.“ Er wischte sich theatralisch eine nicht vorhandene Träne aus seinem Auge und machte dann eine komplett merkwürdig aussehende Verbeugung. Ich musste unwillkürlich über ihn lachen, während er weiterging, um eine Gruppe zu finden. Da die Situation für mich jetzt wieder etwas aufgelockert war, konnte ich Amaliel endlich anblicken. „Hi, ähm, freut mich sehr!“, druckste ich herum. „Es war toll, was du eben gesagt hast!“ Ich versuchte, ein ähnlich charmantes Lächeln wie mein Mitbewohner zu machen, das wahrscheinlich einfach nur tollpatschig aussah.

„Oh danke, wie schön, dass es dir gefallen hat!“, antwortete sie, wobei sich, wenn ich mich nicht irrte, auch ihre Wangen leicht röteten.

Kapitel 4

Popcorn, Kino und Hollywood

„Gut, ihr zwei Turteltäubchen!“, unterbrach uns Persephone mit einem Augenzwinkern. „Dann haben wir die Vorstellungsrunde ja jetzt geklärt und können anfangen, über die Vorlesung zu sprechen. Ich würde direkt mal losstarten.“

Amaliel und ich konnten nicht wirklich antworten, weil sie direkt weitersprach. „Also zuallererst, wie cool ist es bitte, dass Gott selbst die Vorlesung hält, ich meine, so etwas hat es hier an der Uni noch nie gegeben. Und dann erscheint sie auch noch als Frau! Wow! Ich bin völlig hin und weg. Als sie angefangen hat, über Sex und die Beziehung der Menschen zu sich selbst und dem Universum zu sprechen, war ich so was von begeistert! Denn bis jetzt hat mir irgendwie immer ein passendes Bild gefehlt, wie die Menschen ihr Leben so richtig voller Freude, Leichtigkeit und im Flow erleben können. Stellt euch mal vor, sie würden morgens aufwachen und sich erst mal mit ihrer Liebe zum Leben, mit sich selbst und mit ihrer unendlichen schöpferischen Kraft verbinden und dann erst in ihren Tag starten. Ganz zu schweigen davon, was sie aus ihrem Leben machen könnten, wenn sie damit aufhören würden, ihre gesamte Energie darein zu stecken, alte dysfunktionale Muster aufrechtzuerhalten.

Ich liebe die Menschen wirklich sehr, aber manchmal weiß ich auch nicht, wie man sich dermaßen selbst im Weg stehen kann. Ich meine, du darfst als Seele auf diesen wunderschönen Planeten runter, bekommst gratis deinen komplett – wirklich komplett – freien Willen, und darfst so viele unterschiedliche Erfahrungen machen, wie du magst. Mir hat dein Gedanke dazu auch wirklich sehr gut gefallen, Amaliel, dass wir geistige Wesen die Menschen viel mehr in ihrem spirituellen Erwachen unterstützen müssen. Sich daran zu erinnern, dass ihnen dieses Leben geschenkt wurde, um sich als Seele in einem menschlichen Körper erfahren zu können. Die Frage, die ich mir dann nur die ganze Zeit gestellt habe, ist: Wie können wir das am besten tun?“

Persephone zuckte fragend mit den Schultern und blickte uns mit ihren strahlend grünen Augen an.

Während ich noch versuchte, die Gedanken von Persephone in meinem Kopf zu ordnen, um eine einigermaßen kluge Antwort zu formulieren, hatte Amaliel bereits das Wort ergriffen. „Ich denke, der erste Schritt ist auch für uns, erst mal zu akzeptieren, dass die Menschen von ihrem Bewusstsein her gerade genau dort sind, wo sie sind, und dass alles sein göttliches Timing hat. Wahrscheinlich ist es unsere Aufgabe, jetzt für die Menschen ein neues energetisches Bewusstseinsfeld zu öffnen, in das sie eintreten können. Wir sollten uns nicht über sie ärgern, denn solange wir im Widerstand gegen das sind, was ist, können wir es nicht verändern. Genauso wie bei den Menschen ja auch."

Sie lächelte ihr bezauberndes, selbstbewusstes Lächeln und ich schmolz förmlich dahin. Ich liebte ihre Art. Sie blickte so unglaublich klar auf die Dinge und fand neue Perspektiven und Lösungen. Okay, Ismael, jetzt ist dein Turn, komm schon, sag was Kluges, versuchte ich mich selbst zu motivieren. Ich öffnete den Mund und heraus kam ein piepsiges: „Braaavo!" Oh Mann. Ich spürte, wie meine Wangen nun wieder dunkelrot anliefen. Das hatte sich dermaßen bekloppt angehört! Persephone und Amaliel warfen sich einen belustigten Blick zu und versuchten beide vergebens, ein Grinsen zu unterdrücken. „Ähm, was ich sagen wollte, ist, dass ihr beide toll seid, ähm nein, also ich meine, ihr habt das super formuliert. Ich finde die Idee mit dem neuen Bewusstsein klasse. Yay!" Ich hob meine Hände in die Luft, um das ‚Yay' zu unterstreichen, und musste dabei noch lächerlicher ausgesehen haben, als das Bravo geklungen hatte. Shit. Was war los mit mir? Ich war doch sonst nicht verpeilt und unfähig, ein vernünftiges Gespräch zu führen. Amaliel wollte gerade ansetzen, etwas zu sagen, als die Stimme von Gott erklang. „Bitte findet zurück zu euren Plätzen, ihr Lieben. Wir wollen weitermachen. Ich hoffe, ihr hattet alle einen spannenden und interessanten Austausch mit euren Kommiliton*innen."

Erneut begannen alle, durcheinander zu wuseln und zu ihren Plätzen zurückzukehren. Ich warf Persephone und Amaliel einen letzten Blick zu und machte eine komische Winkbewegung mit meiner Hand. Gerade wollte ich mich zum Gehen wenden, als Amaliel sagte: „Ismael, vielleicht können wir uns ja nach der Vorlesung zu Ende unterhalten, ich würde gerne noch wissen, was deine Gedanken sind, jetzt war leider kaum noch Zeit. Vielleicht bei einem Eis?" Sie sah ziemlich verlegen aus. Ich konnte es kaum glauben. Sie wollte sich mit mir weiter unterhalten?? Amaliel wollte sich mit mir unterhalten. Sie mochte mich? Oh mein Gott! Völlig perplex breitete sich das wahrscheinlich größte Lächeln auf meinem Gesicht aus, zu dem ich fähig war, und meine beiden Daumen schossen nach oben. „Sehr gerne!", versuchte ich in einer möglichst normalen Stimmlage zu antworten. Sie lächelte, und Persephone schüttelte lachend den Kopf. Ich winkte Amaliel zum Abschied noch einmal zu, dann zwang ich mich, mich umzudrehen und jetzt bloß nichts Unangenehmes mehr zu machen.

Zurück in meiner Reihe blickte Hermes mich mit seinen großen Augen fragend an. „Na, Korksi, wie lief's? Du sahst, nun ja, wie soll ich es formulieren, irgendwie ein wenig hilflos aus?“ Er musste mich aus der Ferne beobachtet haben, der Mistkerl. „Es lief ganz wunderbar!“, antwortete ich jetzt wieder in meiner normalen Stimmlage. „Es lief sogar so wunderbar, dass ich nach der Vorlesung ein Date habe!“ „Ein Date?“, prustete er los und stieß mich dabei lachend mit seinem Ellbogen in die Seite. „Ismael, du Draufgängerengel, du. Ich bin begeistert! Da bleibt mir ja nur eins zu sagen: BRAVO!“ „Hermes!“, schimpfte ich. „Du bist und bleibst ein Mistkerl!”, und konnte mir leider selbst das Lächeln nicht verkneifen.

„Ruhe, bitte!“, tönte Gottes Stimme zu uns. „Gut, vielen Dank! Während ihr euch unterhalten habt, habe ich natürlich ein wenig mitgehört. Was mir auffällt, ist, dass viele von euch noch damit hadern, dass der Mensch sich oft so unglaublich merkwürdig verhält – insbesondere aus spiritueller Sicht betrachtet

– und sich diesen ständigen emotionalen Schmerz antut, anstatt einfach durchs Leben zu tanzen. Klar ist: Der Dreh- und Angelpunkt der Transformation ist das menschliche Bewusstsein. Woran liegt es also konkret, dass der Mensch immer wieder seinen dysfunktionalen Mustern folgt, oder, um bei meiner Metapher zu bleiben, anstatt richtig guten Sex mit dem Universum zu haben, entweder enthaltsam lebt und tut, als wäre Sex etwas Schlechtes, oder ständig einen Orgasmus vortäuscht und sich mit Dingen brüstet, die ihn nicht erfüllen?

Um das zu verstehen, machen wir eine kleine Übung – ich möchte euch ins Kino einladen! Dafür bitte ich euch, für einen Moment deine Augen zu schließen und euch Folgendes vorzustellen:

Wir sind in einem riesigen, schönen, alten Kino, mit großen gemütlichen Sitzen. Wir sitzen ganz oben, essen Popcorn und freuen uns auf den Film. Dabei fällt euch auf, dass der Saal komplett leer ist, nur in der dritten Reihe sitzt ein einziger Mensch, der gebannt auf die Leinwand blickt, wo gleich der Film beginnt."

Sie machte eine kunstvolle Pause und ließ ihren prüfenden Blick durch unsere Reihen streifen. „Nun, während der Film beginnt zu laufen, möchte ich, dass ihr euch vorstellt, dass die Leinwand und das, was der Mensch darauf sieht, die oberste Schicht des ‚Bewusstseins' des Menschen repräsentiert. Es ist das, was der Mensch in jedem Moment seines Lebens mit seinen fünf Sinnen wahrnehmen kann – die unmittelbare Erfahrung der Realität, was er sieht, was er riecht, was er schmeckt, die Gedanken, die durch seinen Kopf gehen, die Emotionen, die er spürt, und die Entscheidungen, die er bewusst trifft. Wie im Kino erscheint diese Realität lebendig und allumfassend, sodass der Mensch oft vergisst, dass da noch mehr ist als das, was auf der Leinwand zu sehen ist.

Er ist wie hypnotisiert von den Bildern, die er sieht. Er kann nicht wegschauen und glaubt fest daran, dass das, was er auf der Leinwand sieht, seine Realität ist. Es fühlt sich unglaublich real für ihn an. Den Film, den er sieht, kennt er bereits, er hat ihn schon hunderte Male gesehen und trotzdem kann er nicht wegschauen. Er hat ihn so oft gesehen, dass er glaubt, der Film zu sein. Er kann ihn auswendig mitsprechen. Und alles, was er dort sieht, interpretiert und bewertet er gemäß seinen festen Glaubenssätzen.

Was sind Glaubenssätze, fragst du dich jetzt vielleicht? Das ist eine wundervolle Frage.

Glaubenssätze sind innere Überzeugungen, die der Mensch glaubt – die für ihn absolut wahr sind und die er nicht mehr hinterfragt.

Glaubenssätze sind grundlegende Annahmen, die der Mensch über sich selbst, andere Menschen, das Leben und die Welt um ihn herum hat. Sie formen die Wahrnehmung der Realität und beeinflussen tiefgreifend, wie der Mensch denkt, fühlt und handelt. Der Mensch kann sich über seine Glaubenssätze bewusst werden, indem er sich selbst hinterfragt und reflektiert. Es braucht den Moment des bewussten Aussteigens aus dem eigenen Film, um sich der Glaubenssätze bewusst zu werden, die bestimmen, welcher Film überhaupt läuft! Meist liegen die Glaubenssätze im Unterbewusstsein des Menschen verborgen, wo sie still und heimlich einen enormen Einfluss auf das Leben haben! Sie wirken wie ein Filter, durch den der Mensch seine Informationen aufnimmt und interpretiert. Dieser Filter filtert alles raus, was nicht mit den Glaubenssätzen übereinstimmt! Der Mensch sieht also nur noch das, wovon er glaubt, dass es wahr ist, alles andere ist zensiert! Die Glaubenssätze beeinflussen seine Gefühle, seine Gedanken, seine Entscheidungen, sein Verhalten und natürlich insbesondere seine zwischenmenschlichen Beziehungen. Sie sind so stark und kraftvoll, dass der Mensch sein eigenes Leben komplett nach ihnen ausrichtet – ganz egal, ob sie ihn glücklich machen oder nicht. Sie dienen in erster Linie dazu, dem Verstand Sicherheit zu geben. Alles zu bewerten, um das Gefühl der Kontrolle zu haben. Aufgrund ihrer tiefen Verankerung im Unterbewusstsein sind sie sehr schwer zu erkennen und zu ändern. Trotzdem ist es möglich – und ich werde euch jetzt zeigen, wie. Angenommen, der Mensch, der jetzt gerade vor uns im Kino sitzt, ist die junge Frau, von der Gabriel vorhin berichtet hat. Offensichtlich tut es ihr nicht gut, immer wieder zurück in eine Beziehung zu gehen, die für sie toxisch ist.

Stellen wir uns vor, wie sie hier ihren ganz individuellen Film sieht. Sie sieht sich auf der Leinwand, wie sie immer wieder Männer in ihr Leben zieht, die ihr nicht guttun. Jedes Mal ist sie am Ende wieder emotional komplett fertig. Aber sie kann einfach nicht anders, als immer wieder denselben Film auf ihrer großen Lebensleinwand zu sehen. Warum ist das so? Hat jemand von euch eine Idee?"

Gott blickte erwartungsvoll in den Vorlesungssaal. Wie nicht anders zu erwarten, schnellte Aphrodites Hand in die Luft und sie schnippte aufgeregt mit den Fingern. Gott lächelte sie an und bedeutete ihr mit einem leichten Nicken, dass sie sprechen durfte. So erleichtert, als würden 20 Kilo von ihr abfallen, legte sie ihre Hand auf den Tisch und begann zu sprechen.

„Das Problem ist nicht das, was auf der Leinwand läuft, sondern woher es kommt! Der Film ist ja in Wahrheit nichts anderes als eine Projektion aus dem Projektionsraum hinter ihr. Sie sieht auf der Leinwand nur das, was auf der Filmrolle gespeichert ist. Man könnte sagen, all ihre Erfahrungen aus der Vergangenheit und ihre resultierenden Überzeugungen werden durch diese kleine Glasscheibe hinter ihr über sie hinweg in ihre Zukunft projiziert. Und dadurch, dass sie sich ihrer Überzeugungen komplett unbewusst ist, blickt sie auf die Leinwand und glaubt alles, was sie dort sieht. Dabei ist es einfach nur eine Projektion! Sie müsste einfach nur aufstehen, sich umdrehen und in den Projektionsraum gehen und könnte dort den Film austauschen."

Aphrodite klatschte äußerst zufrieden über ihre Ausführungen in die Hände und ließ sich wieder etwas entspannter in ihren Stuhl zurückfallen. Gott nickte ihr anerkennend zu.

„Danke, meine Liebe, genau so ist es! Die junge Frau spürt nun dank ihres wundervollen Körpers, dass etwas nicht stimmt. Er schickt ihr Gefühle, die sie aufwecken sollen. Wut, Traurigkeit, Scham, Angst.

All die Gefühle, über die wir anfangs gesprochen haben, sind präsent, um sie aus ihrem Film aufzuwecken. Sie fühlen sich genau deshalb so unangenehm an, weil sie der jungen Frau in Wahrheit nichts anderes versuchen zu sagen als: ‚Steh auf! Wende dich wieder der Liebe zu! Du bist auf dem falschen Weg!' Genau dafür hat der Mensch seine ‚negativen' Gefühle, weil sie ihm ganz deutlich und auch schmerzhaft zeigen, dass der Ort, wohin er sich gerade mit seiner Seele bewegt, weit weg von dort ist, wo seine Seele eigentlich sein möchte. Die Gefühle sind also letztlich nichts anderes als ein Instrument der Seele, um sich über den Körper bemerkbar zu machen. Der Körper indes ist unglaublich weise und hilfsbereit. Kein Gefühl ist unberechtigt, es hat immer eine wichtige Botschaft.

Und natürlich habe ich es für die Menschen so eingerichtet, dass es gerade ihre Beziehungen sind, die ihnen dabei helfen, aufzuwachen und sich zu erinnern, wer sie in Wahrheit sind. Der Mensch kann sich nur in Bezug zu anderen Menschen wirklich selbst erkennen. Und gerade die ungesunden Beziehungen zeigen dem Menschen eigentlich nichts anderes als eine Erinnerung daran, wer sie nicht sind, um sich genau durch diesen Kontrast an ihre Essenz erinnern zu können.

Es wird der Zeitpunkt kommen, wo es für die junge Frau emotional nicht mehr auszuhalten ist, weil es so unbequem auf ihrem Platz wird, während sie diesen Film schaut. Sie wird beginnen, sich im Kino umzusehen. Sie wird denken: ‚Das kann es doch nicht gewesen sein? Gibt es hier irgendjemanden, der mir helfen kann, aus diesem Film rauszukommen?'

Und genau da kommt ihr als geistige Begleitung ins Spiel. Hier könnt ihr sie jetzt liebevoll in den Projektionsraum leiten und ihr das Zerstörungspotenzial, aber auch die Stärke ihres eigenen Geistes zeigen. Denn der menschliche Geist ist so unfassbar kraftvoll, wenn er erst mal in die richtigen Bahnen gelenkt wird.

Stellen wir uns vor, dass wir von unseren Sitzen aufstehen und durch eine kleine Tür in den Raum gehen, von wo aus der Film auf die Leinwand projiziert wird. An den Wänden stehen meterhohe Regale, voll mit Filmrollen. Vor der kleinen Fensterscheibe steht der Filmprojektor, in dem gerade eine Filmrolle abgespielt wird. Es knackt leise, während sie sich dreht. Daneben befindet sich ein großes, modernes Schaltpult mit vielen Knöpfen und Schaltreglern, auf dem alles in unterschiedlichen Farben blinkt.

Willkommen im Unterbewusstsein unserer lieben Freundin, die gerade im Kino ihres Lebens sitzt und ihren Standardfilm ansieht. Seht euch um. Jede dieser Filmrollen repräsentiert einen Glaubenssatz, eine Erinnerung oder eine Erfahrung, die tief in ihrem Unterbewusstsein gespeichert ist. Sie sind das Fundament dessen, was auf die Leinwand ihres Bewusstseins projiziert wird – ihre wahrgenommene Realität.

Diese Filmrollen hat sie über ihr Leben hinweg gesammelt. Einige enthalten glückliche Erinnerungen und ermächtigende Glaubenssätze, die sie stärken und motivieren. Andere jedoch beinhalten limitierende Überzeugungen und schmerzhafte Erfahrungen, die, wenn sie unkontrolliert abgespielt werden, ihr jetziges Leben und ihre Entscheidungen für die Zukunft unbewusst negativ beeinflussen. Wie zum Beispiel, dass sie immer wieder in dieselben ungesunden Beziehungen läuft.

Der Projektor hier ist wie der Mechanismus ihres Unterbewusstseins, der ständig aktiv ist, Tag und Nacht, und diese Filme abspielt. Ihr bewusstes Ich, der Teil von ihr, der auf die Leinwand blickt, sieht nur das Endergebnis, ohne zu realisieren, woher die Bilder stammen oder dass es möglich ist, den Film zu wechseln.

Wenden wir uns nun dem Schaltpult zu: Denn ihr Unterbewusstsein ist nicht nur für die Glaubenssätze und Erinnerungen da, sondern hat die Fähigkeit, viele Aufgaben gleichzeitig zu erledigen. Es reguliert ihre Atmung, ihren Herzschlag, ihre Träume und vieles mehr. Es ist auch der Ort, an dem ihre Gewohnheiten geformt werden, tief verwurzelte Überzeugungen gespeichert sind und emotionale Reaktionen automatisch abgerufen werden.

Die junge Frau unten im Kino hat bereits begonnen, sich unwohl zu fühlen und nach Hilfe zu suchen. Sie muss lernen, ihren Körper wieder zu spüren und wahrzunehmen, wie es ihr wirklich geht. Sie muss sich daran erinnern, dass sie nicht nur eine passive Zuschauerin ihres eigenen Lebensfilms ist. Sie kann aufstehen und bewusst ihren Blick von der Leinwand lösen, die Entscheidung treffen, einen anderen Film sehen zu wollen, und in ihren eigenen Projektionsraum gehen, um die Filmrolle auszutauschen.

Sie hat die Macht, zu entscheiden, welche Filme abgespielt werden. Sie kann alte Filmrollen neu beschriften und sogar ganz neue Szenarien drehen. Sie hat die Regie in der Hand, um das Drehbuch ihres Lebens zu ändern und ihre wahre Essenz auf der Leinwand des Bewusstseins zum Ausdruck zu bringen. Das ist die Kraft ihres Geistes!

Denn was ist der Grund dafür, dass sie in ihrem bisherigen Lebensfilm immer wieder in die toxischen Beziehungen zurückkehrt? Wenn wir uns den Film ansehen, der gerade läuft, sehen wir, dass darauf der Glaubenssatz gespeichert ist, dass sie hart für Liebe kämpfen muss. Dass sie es nicht wert ist, gut behandelt zu werden. Genau diese Erfahrung hat sie damals mit ihrem eigenen Vater gemacht, der emotional nicht für sie verfügbar gewesen ist. Sie meint also, es sei sicherer für sie, mit jemandem zusammen zu sein, der sie nicht priorisiert, weil das genau die Erfahrung ist, die sie aus ihrer Vergangenheit kennt. Sie lebt also letztlich den Glaubenssatz weiter, den sie als Kind entwickelt hat, um mit einer schwierigen Situation irgendwie klarzukommen. Sie hat sich damals machtlos gefühlt, musste ihren Schöpfermodus verlassen und war gezwungen, aufgrund der Umstände in den Überlebensmodus einzusteigen. Die Aufgabe des Unterbewusstseins ist es vor allem, das eigene Überleben sicherzustellen, nicht primär, sich seiner Spiritualität und Lebenskraft bewusst zu sein. Das ist die Aufgabe der Seele. Das Unterbewusstsein wird dementsprechend immer in die Vergangenheit blicken und schauen, womit die junge Frau bis jetzt überlebt hat, und das dann immer wieder abspielen – auch wenn es sie nicht glücklich macht. Wie, fragst du dich jetzt, kann die junge Frau denn dann überhaupt eine neue Filmrolle einlegen? Fantastische Frage!“

Gott machte eine kunstvolle Pause, während sie die Gesichter ihrer Studierenden betrachtete. Dann breitete sich ein breites Lächeln auf ihrem Gesicht aus. Und ich konnte förmlich spüren, dass erst jetzt das kommen würde, worauf sie hinauswollte.

„Die junge Frau möchte nun einen neuen Film einlegen. Einen, der sie glücklich macht – denn das ist ihre eigene spirituelle Natur. Wir sind jetzt also mit unserer lieben Menschenfreundin im Projektionsraum und sie erkennt: ‚Oha! Ich kann Einfluss darauf nehmen, was ich auf meiner Lebensleinwand sehe, indem ich mir über bisher unbewusste Muster bewusst werde!' An dieser Stelle wartet nun bereits die erste Magie, denn ich habe mir damals, als ich das Universum erschaffen habe, einen kleinen Bonus für die Menschen überlegt. Dadurch, dass sie ja auf der einen Seite mit ihrer spirituellen Amnesie auf die Welt kommen, um ganz frei jede Erfahrung machen zu können, bekommen sie auf der anderen Seite folgendes Geschenk: Wenn sie sich einmal wieder an ihr wahres Ich erinnern, werden sie es nie wieder vergessen. Ich dachte, das wäre nur fair. Wenn sie sich schon die Mühe machen, aus ihrem Film aufzuwachen, werden sie dann auch mit ihrem wahren Bewusstsein dafür belohnt.

Aber das Beste überhaupt kommt jetzt noch: Der entscheidende Moment für die junge Frau ist, wenn sie erkennt, dass sie die Macht hat, das gesamte Kino zu verlassen! Sie kann durch die Tür nach draußen treten und landet an dem Ort, wo die Filme entstanden sind! Nennen wir es das Hollywood des Lebens – ihr Urbewusstsein."

Urbewusstsein? Ratlos sah ich rüber zu Hermes, der meinen Blick ebenso fragend erwiderte. Worauf

Gott wohl jetzt hinauswollte? Unser Ausflug ins Kino wurde ja immer deeper. Aber auch hier würde sie uns wieder abholen, das hatte sie inzwischen bewiesen. Ich ertappte mich dabei, wie gerne ich mit Amaliel noch ein wenig im Kino geblieben wäre und Popcorn gegessen hätte.

Gott fuhr fort: „Wir treten also nach draußen, und plötzlich stehen wir in den sonnendurchfluteten Straßen von Hollywood – dem Ort, wo die ‚Lebensfilme' gedreht werden. Stellt euch vor, wie unsere junge Frau aus dem Kino mit uns den Kinosaal verlässt und nun die Welt der Schöpfung, wo sie die volle Macht über ihr eigenes Drehbuch hat, betritt – ihr Urbewusstsein! Der Ort, wo ihre Seele arbeitet. Die junge Frau versteht endlich, dass sie das Bewusstsein ist, das alles wahrnimmt. Und dass es noch so viel mehr gibt! Sie kann die Quelle ihrer Realität beeinflussen.

Das ist der Moment, in dem all die Heilung entstehen kann. Sie wird sich bewusst, dass sie weder in Zukunftssorgen noch in Schmerz aus der Vergangenheit bleiben muss. Dass ihre Überzeugungen und ihre Ängste sie nicht ausmachen, sondern das göttliche und schöpferische Bewusstsein, das sich über all das bewusst wird.

In dem Moment, in dem sie am Set ihres eigenen Lebens steht, realisiert sie, dass der einzige Moment, den es wirklich gibt, das Hier und Jetzt ist.

Die Vergangenheit, die Zukunft – sie sind bloß Schatten, die das Licht des gegenwärtigen Moments zu verdunkeln suchen. Stellt euch vor, wie sich ihr Bewusstsein ausweitet, wie eine Kamera, deren Linse sich weit öffnet, um plötzlich alles wahrnehmen zu können. Sie versteht, dass das Jetzt nicht nur ein Zeitpunkt ist, es ist die einzig wirkliche existierende Dimension, die unendlich reich an Möglichkeiten ist.

Die Kunst besteht darin, diesen Moment in seiner Ganzheit zu erfassen und zu leben. In diesem umfassenden Jetzt liegt ihre Macht, ihre Wirklichkeit zu formen. Jeder Gedanke, jede Entscheidung, jede Handlung, die hier verwurzelt ist, webt den Stoff, der ihre Träume Wirklichkeit werden lässt.

Zwar wurden auch die Erfahrungen aus ihrer Vergangenheit hier gedreht, doch nun hat sie im Hier und Jetzt die Möglichkeit, bestimmte Glaubenssätze und Bewertungen über sich selbst zu verändern und ihr Skript neu zu schreiben. Sie ist gleichzeitig Regisseurin, Drehbuchautorin, Casting-Direktorin und Hauptdarstellerin ihres Lebensfilms. Jede Entscheidung, die sie trifft, jede Überzeugung, die sie wählt, formt die Handlung, bestimmt die Charaktere und leitet die Szenerie.

Und während unsere junge Frau in der Hauptrolle ihres eigenen Films steht, sind alle anderen Menschen natürlich ebenso für ihre Filme verantwortlich. Es gibt weitere Kinosäle, weitere Studios, weitere Sets! Doch das verwechseln die Menschen leider zu oft: Sie glauben, der Film eines anderen Menschen wäre ihr eigener. Dabei interagieren sie zwar alle, beeinflussen einander und teilen Szenen, doch letztendlich hält jeder von ihnen die Feder für sein eigenes Lebensdrehbuch in der Hand.

Kehren wir zu unserer jungen Frau zurück: Das Bewusstsein darüber, dass sie die Macht hat, aktiv ihr künftiges Skript zu gestalten, ist der Schlüssel zu ihrer Freiheit, der bewussten Schöpfung ihres Lebenswegs. Sie kann hier ihrer Erfahrung aus ihrer Kindheit eine neue Bedeutung geben und für sich die liebevolle, bewusste Entscheidung treffen, dass nichts von dem, was ihr Vater gemacht oder nicht gemacht hat, etwas über ihren Wert aussagt. Sie kann in die Szene zurückkehren, die damals gedreht worden ist, und sich zu der kleinen Version von sich selbst setzen und ihr sagen: Du bist über alles geliebt! Du hast alles richtig gemacht. Du bist hier das Kind, und du hast alle Liebe und allen Schutz dieser Welt verdient. Es ist für dich sicher, alle Liebe dieser Welt erfahren zu dürfen und in einer gesunden, liebevollen Beziehung zu sein, in der du wirklich geliebt wirst. Sie kann hier selbst als Schöpferin diese Erfahrung rückwirkend mit Liebe durchfluten und wird spüren, wie dadurch auch ihr Körper beginnt, zu entspannen. Die Angst, die Scham, die Kontrolle endlich nachlässt. Denn die Heimat der Seele ist immer schon die Liebe und Ruhe gewesen. Wenn der Mensch zur Liebe zurückkehrt, kann der Körper automatisch zur Entspannung finden.

Als erwachsene junge Frau und spirituelle Seele sieht sie, dass die Erfahrungen ihres Vaters sein Skript sind und nicht ihres. Der Schmerz, der ihr zugefügt wurde, war nicht aktiv gegen sie gerichtet, sondern der Ausdruck des Schmerzes eines anderen Menschen. Jeder Mensch hat die Wahl, aus diesem Kreislauf der Verletzungen auszusteigen. Zu verstehen, dass letztlich alle im Leben der anderen auftreten und sich gegenseitig dabei helfen, aufzuwachen. Die Aufgabe einer jeden Seele ist es, sich wieder auf den Regiestuhl ihres Lebens zu setzen und ein Drehbuch zu schreiben, das es ihr erlaubt, ein wahrhaft erfülltes Leben zu kreieren und dann mit diesem Film in den Projektionsraum zurückzukehren und den Film einzulegen. Plötzlich wird der Mensch eine ganz neue Erfahrung machen und den Film in vollen Zügen genießen können“, beendete Gott ihren Satz mit einem ermutigenden Lächeln.

„Dann lasst uns diesen wundervollen Ort nun verlassen und alle wieder langsam in unseren Vorlesungssaal zurückkehren, damit wir darüber sprechen können, was wir gerade gesehen und mitgenommen haben“, hörte ich Gottes sanfte Stimme, während ich spürte, wie mein Geist langsam wieder aus meiner Vorstellungswelt in den Vorlesungssaal zurückkehrte. Etwas verschlafen rieb ich mir die Augen, um wieder ganz anzukommen.

Hermes dagegen war scheinbar auf unserem geistigen Ausflug ins Kino richtig eingeschlafen. Mit leicht geöffnetem Mund und zurückgelegtem Kopf hing er mehr auf seinem Stuhl, als dass er saß. Ich schubste ihn vorsichtig zur Seite und raunte ihm so leise wie möglich zu: „Hermes, wach auf, Mann“, was zum Glück wirkte, denn er öffnete langsam seine Augen und blickte mich komplett verpennt und orientierungslos an. „Die Vorlesung geht weiter“, sagte ich leise und deutete nach vorne zu Gott, die darauf wartete, dass alle ihre Studierenden wieder mit ihrer Aufmerksamkeit zurück in den Raum kamen. Hermes rappelte sich etwas unbeholfen auf, lächelte mir dankbar zu und versuchte, so wach wie möglich seine Aufmerksamkeit wieder nach vorne auf Gott zu lenken.

„Schön, dass ihr alle wieder hier seid. Ich hoffe, unser kleiner mentaler Ausflug ins Kino und nach

Hollywood hat euch gefallen. Wer von euch möchte gerne noch mal kurz zusammenfassen, was wir gerade gelernt haben?“ Sie blickte erneut durch den Saal und wartete geduldig, ob sich jemand melden würde. Dieses Mal war es Persephone, die ihre Hand hob und von Gott mit einem liebevollen Kopfnicken aufgefordert wurde, zu sprechen.

„Erst einmal danke, Gott, dass du mit uns diese mentale Reise ins Kino gemacht hast. Ich muss ehrlich zugeben, dass ich vorher nicht wirklich verstehen konnte, warum sich der Mensch manchmal dermaßen selbst im Weg steht, aber jetzt wird es so viel greifbarer für mich. So wie ich es verstanden habe, sitzt der Mensch im unbewussten Zustand einfach im Kino und verfolgt den Film seines Lebens auf der Leinwand des Bewusstseins. Solange er nicht tiefer in sein eigenes Bewusstsein vordringt und sich mit seiner spirituellen Seite verbindet, glaubt er, dass das, was auf der Leinwand erscheint, die gesamte Realität ist. Doch wenn er erst einmal innehält und seinen Blick auf die Leinwand bewusst unterbricht, kann er sich umdrehen und erkennt, dass das, was er auf der Leinwand gesehen hat, in Wahrheit nur eine Projektion aus seinem eigenen Unterbewusstsein ist, und dass er, wenn er etwas anderes sehen möchte, aufstehen und die Filmrolle im Projektionsraum ändern muss. Er braucht die innere Erkenntnis, dass er nicht nur der passive Zuschauer seines Lebensfilms ist. Denn häufig ist das Unterbewusstsein so mächtig, dass es den Menschen in dysfunktionalen Mustern hält, weil sie von ihm als ‚sicher' eingestuft werden. Deswegen war das Beste, dann wirklich nach ‚Hollywood' in die Filmstudios zu gehen und zu verstehen, dass eigentlich die Verbindung zum Urbewusstsein immer besteht und der Mensch letztlich das gesamte Drehbuch seines Lebens mit seinen eigenen Händen erschafft.

Das bedeutet, dass der Mensch nicht nur seine Wahrnehmung der Vergangenheit neu bewerten, sondern auch aktiv seine Zukunft gestalten kann, indem er bewusst wählt, welche Glaubenssätze und Erfahrungen er in sein Leben einlädt und wie er seine bisherigen Erfahrungen bewertet."

„Wunderbar, vielen Dank für die gute Zusammenfassung, liebe Persephone! Dann würde ich vorschlagen, dass wir an dieser Stelle eine kurze Pause von zehn Minuten machen. Bitte seid pünktlich zurück, denn nach der Pause wartet ein ganz besonders spannender Gast auf euch!"

Im Saal wurde es sofort lauter. Alle Engel und Gottheiten strömten zu den Türen, um die Pause möglichst ausgiebig nutzen zu können. Hermes und ich setzten uns draußen auf eine Steinmauer, die das Hauptgebäude von einem wunderschön angelegten

Garten trennte, und blickten in die Sonne. In der Ferne sah ich, wie Amaliel sich mit drei anderen Engeln unterhielt, und winkte ihr verlegen zu. Die Vorstellung, nachher ganz alleine mit ihr ein Date zu haben, ließ meinen Körper heiß werden. Hermes' Stimme holte mich aus meinen Gedanken zurück.

„Alter Schwede, was ist das eigentlich für eine heftige Vorlesung. Mein ganzer Kopf ist so ...", er machte eine Bewegung mit seinen Händen, als würde sein Kopf explodieren.

„Ja", lachte ich. „Gott haut auf jeden Fall ein paar krasse Gedanken raus, die ich so in der Form bisher noch nie gehört habe. Ich bin gespannt, wer jetzt gleich kommt und das noch toppen soll!"

Während ich die Worte sprach, spürte ich, wie sich Hermes neben mir anspannte, und bevor ich ihn überhaupt fragen konnte, was los war, sah ich den Grund schon auf uns zulaufen – Aphrodite. Natürlich. Sie schlenderte mit einem Tee in der Hand elegant, beinahe schwebend auf uns zu. Sie leuchtete förmlich in der Sonne.

„Na Jungs, wie schaut's aus bei euch?", fragte sie lässig und mit vor Lebensfreude glänzenden Augen. Sie ließ sich neben Hermes auf der Mauer nieder, während ihm wahrscheinlich gerade das Herz stehen blieb. „Schöne Schuhe!“, sagte sie mit einem wissenden Lächeln zu Hermes und deutete mit ihrem Finger auf seine neuen Sneakers, die mit der Sonne um die Wette strahlten. „Ich wusste gar nicht, dass es erlaubt ist, Schuhe von der Erde mitzubringen.“

„Nun, ist es, glaube ich, auch nicht, aber ich versuche meinem Mitbewohner hier auch schon seit Jahren zu erklären, dass ich die Schuhe lediglich vor ihrem elenden Schicksal an den Käsefüßen der Menschen rette.“, antwortete er mit dem charmantesten Blick, den ich jemals bei ihm gesehen hatte. „Ich handle also aus reiner Nächstenliebe – Gott würde das gut finden. Immerhin hat sie Chucks an!“ Und tatsächlich, es funktionierte. Auf Aphrodites Gesicht zeichnete sich erst ein leichtes Lächeln ab, das dann jedoch in ein lautes Lachen überging. Gut gemacht, Hermes! Ich war stolz auf meinen besten Freund. Er hatte es geschafft, sich so zu zeigen, wie er wirklich war, nämlich unglaublich liebenswert. Man musste ihn einfach mögen.

„Und, ähm, was studierst du hier eigentlich?“, versuchte Hermes die Konversation mit Aphrodite weiterzuführen. „Oh, ich mache gerade meinen Master in den Künsten der Liebe. Die Vorlesung heute ist ein Wahlmodul, das ich auswählen konnte. Die Alternative wäre die heilige Mathematik des Universums gewesen, das ist nicht so meins. Nächstes

Semester geht es auch für mich wieder auf die Erde, für das Praxissemester meines Masters. Ich möchte dann ein kollektives spirituelles Projekt auf der Erde etablieren, wo es darum geht, dass die Menschen über ihre Kreativität wieder in Verbindung mit ihrem Herzen und der Schönheit des Lebens kommen. Und was bin ich begeistert von dieser Vorlesung! Ich hätte niemals gedacht, dass Gott selbst hier dozieren würde und dann das Thema so aufrollt! Einfach elektrisierend, oder?" Sie blickte uns beide mit ihren großen Augen voller Begeisterung an und wir nickten zustimmend, wobei Hermes wahrscheinlich allem zugestimmt hätte, was sie erzählte.

„Ich will eure spannende Unterhaltung nur ungern unterbrechen, aber ich glaube, die Vorlesung geht gleich weiter", sagte ich, während ich mit dem Kopf in die Richtung der anderen wies, die gerade alle wieder zurück in den Vorlesungssaal strömten. „Ok, let's go!", sagte Hermes zustimmend und gemeinsam folgten wir dem Strom, gespannt auf das, was jetzt noch kommen würde.

Kapitel 5

Der Teufel sagt Hallo

Während wir uns alle langsam wieder auf unseren Plätzen einfanden, spazierte Gott leichten Schrittes zur unteren Eingangstür des Vorlesungssaals. Sie legte ihre Hand an die wunderschön geschwungene goldene Klinke. Bevor sie sie herunterdrückte, um die Tür zu öffnen, sagte sie: „Ich habe einen guten Freund von mir eingeladen, der uns dabei helfen kann, die Dualität des menschlichen Lebens besser zu verstehen."

Dann öffnete sie mit einer schwungvollen Bewegung die große Tür – und herein kam ein charmanter, gut gekleideter Gentleman. Seine Eleganz und sein Charme zogen sofort die Aufmerksamkeit aller Teilnehmenden der Vorlesung auf sich. Der Anzug, perfekt geschnitten, schimmerte in einem undefinierbaren Dunkel, das irgendwo zwischen Mitternacht und dem ersten Morgengrauen zu liegen schien. Auf seinem markanten Gesicht spiegelte sich ein leichtes Lächeln und die Augen funkelten in einem undefinierbaren dunklen Braun. Im kompletten Kontrast dazu leuchteten seine Haare in einem schrillen Pinkton, der seiner gesamten Gestalt ein noch intensiveres Aussehen verlieh.

„Luzifer, mein Lieber", sagte Gott mit einem liebevolle Lächeln zu dem Herrn. „Wie schön, dass du die Zeit gefunden hast! Ich weiß ja, wie beschäftigt du bist, deswegen weiß ich es umso mehr zu schätzen, dass du hier bist!" Luzifer bedankte sich für die wohlwollende Begrüßung, indem er einen imaginären Hut hob und Gott im Anschluss mit einer freundschaftlichen Umarmung begrüßte.

Man hätte eine Stecknadel auf den Boden fallen hören können, so still war es geworden. Ich schaute zu Hermes und unsere Blicke trafen sich in einem absolut fassungslosen Ausdruck. Hermes' Lippen formten ein lautloses „What the f***??", was mich beinahe laut prusten ließ, obwohl mir eher etwas mulmig zumute war. Luzifer, echt? Der gefallene Engel aus der Unterwelt? Jedenfalls war es das, was man sich seit Jahrtausenden von Jahren erzählte. Was, wenn er gar nicht gefallen, sondern vielmehr von Gott entsandt worden war? Was, wenn die Unterwelt vielleicht gar nicht das war, was wir bisher vermuteten? Denn er war hier! Und offensichtlich sogar mit Gott befreundet? Eines musste ich Gott lassen, eine Überraschung toppte die nächste!

Die anderen im Saal waren offensichtlich auch ziemlich überrascht von Luzifers Anwesenheit. Einige tauschten flüsternd Vermutungen aus, während andere einfach nur starrten, gefangen zwischen Neugier und Vorsicht.

Luzifer war sich durchaus bewusst über den Effekt seiner Ankunft. Er ließ seinen Blick langsam über die versammelten Studierenden schweifen, bevor er schließlich vorne im Raum Platz nahm, als wäre es das Natürlichste der Welt.

„Ich weiß, viele von euch sind eventuell überrascht über das Erscheinen von Luzifer, weil ihr glaubt oder gehört habt, Luzifer und ich seien im Konflikt auseinandergegangen. Er hat den Ruf, der ‚gefallene Engel' zu sein. Das Gegenteil ist der Fall. Ich empfinde eine tiefe Liebe für Luzifer, denn seine Rolle in diesem Universum ist es, der Hüter der Dunkelheit für die Menschen zu sein. Nicht als Strafe! Nein, ihr Lieben, sondern als Wertschätzung seiner Fähigkeiten und seiner tiefen Liebe den Menschen gegenüber. Seine Stärke besteht darin, ihnen mit der Dunkelheit die Möglichkeit zu geben, ihr eigenes Licht zu erkennen. Denn die Unterwelt ist der Ort, wo der Mensch seinen tiefsten Träumen, Sehnsüchten und auch Ängsten begegnet. Es ist der Ort, an dem eigentlich die spirituelle Arbeit beginnt, und wenn dort kein Licht hingebracht wird, gibt es kein wirkliches Erwachen. Ich habe euch am Anfang der Vorlesung bereits gesagt: Es gibt keinen Ort, an dem ich nicht zu finden bin. Alles in diesem Universum ist in perfekter Balance und unterliegt einem ewig fortdauernden Prozess des Wachstums, der Erweiterung und der Erfahrung.

Aus diesem Grund freue ich mich umso mehr, dass Luzifer heute die Zeit gefunden hat, hier zu sein, und seine Perspektive zu hören, die unendlich wichtig für ein vollständiges Verständnis der menschlichen spirituellen Erfahrungen ist", fuhr Gott mit ihrer unfassbaren Klarheit und Ruhe fort. Dann gab sie das Wort mit einem freundlichen Kopfnicken an Luzifer. „Wie schön, hier zu sein, um an dieser spannenden Diskussion teilzunehmen und euch an meinen Erfahrungen teilhaben zu lassen", begann er, seine Stimme voll und tief. Jedes Wort war sorgfältig gewählt, und gleichzeitig ließ er ein wenig Ironie darin mitschwingen, ohne dass man es ihm übel nehmen konnte. „Und Gott, du siehst gut aus! Interessante Wahl deiner Gestalt für diese Vorlesung. Gefällt mir!", fügte er hinzu.

Bevor sie jedoch darauf eingehen konnte, fuhr er schon mit seiner samtigen, tiefen Stimme fort: „Also, wo fange ich an? Ich kann mir vorstellen, dass ihr alle gespannt wie kleine Flitzebögen seid. Gott hat mir erzählt, dass ihr heute über die Menschen sprecht und darüber, warum sie ihr Leben nicht so richtig auf die Kette bekommen. Feine Sache, denn genau da komme ich ins Spiel!“ Er machte eine dramatische Pause und genoss offensichtlich die Aufmerksamkeit. „Denn sind wir mal ganz ehrlich, was wäre eine Debatte über Gut und Böse, über Schatten und Licht, über brennende Leidenschaft und Verlust, ohne dass ich dabei bin?“

Luzifer stand auf, sein Blick schweifte zu einem der riesigen länglichen Fenster hinaus, wo die unendlichen Weiten des Universums zu sehen waren. „Ich bin hier, weil das Verständnis von Licht und Dunkelheit, von Gut und Böse, unvollständig ist, wenn man verkennt, dass beides wichtig und notwendig ist. Für die Balance und für persönliches Wachstum.“ Sein Blick kehrte zu uns zurück, sanfter jetzt, beinahe mitfühlend.

„Wir alle, ob Engel, Gottheiten oder Menschen, stehen immer vor der Wahl, worauf wir uns fokussieren wollen. Meine Anwesenheit hier soll euch zeigen, dass das Verständnis der Dunkelheit, das Akzeptieren der eigenen Schatten, euch näher zu dem bringt, was ihr Licht nennt. Näher zu Gott. Meine lieben Freunde, wenn wir über Gut und Böse sprechen, vergessen wir oft, dass diese Kräfte nicht nur außerhalb von uns existieren. Sie sind tief in uns selbst verwurzelt, in jedem Einzelnen von uns. Im Herzen jedes Menschen gibt es Licht und Schatten. Die Lichtseiten sind jene, die wir bereitwillig zeigen, die Stärken und Tugenden, der Mut, die Liebe und das Mitgefühl. Doch ebenso gibt es die Schattenseiten – unsere Ängste, unsere Zweifel, unsere Wut und unseren Schmerz. Diese Teile versuchen wir oft zu verbergen, vor anderen, aber auch vor uns selbst."

Luzifer bewegte sich langsam durch den Raum, seine Präsenz fesselnd, als er fortfuhr: „Es ist verständlich, dass wir lieber im Licht stehen wollen. Es fühlt sich wärmer an, sicherer. Aber vergesst nicht – ohne Schatten kein Licht. Die Schatten existieren als Kontrast, um das Licht heller erscheinen zu lassen. Sie sind nicht da, um uns zu quälen, sondern um uns zu lehren, um uns wachsen zu lassen. Wisst ihr, das Konzept von Gut und Böse ist für die Menschen mehr als nur eine moralische Richtschnur. Es ist die Essenz ihrer Existenz, der Grundstein ihrer Evolution. Ohne das ‚Negative', ohne die Herausforderungen, Konflikte und das Leid würde der menschliche Geist verkümmern, stagnieren. Das ‚Negative' zwingt die Menschen, über ihre Grenzen hinauszuwachsen, sich ihren tiefsten Ängsten zu stellen und ihre größten Träume zu verwirklichen. Es lehrt sie die Kunst der Transformation – aus Schmerz Schönheit zu schaffen, aus Verzweiflung Hoffnung und aus Fehlern Weisheit. Seht ihr, ohne die Dunkelheit würden die Menschen nie die volle Pracht des Lichts erkennen. Die Nacht lässt die Sterne leuchten, und ebenso lässt die Konfrontation mit dem ‚Negativen' die strahlendsten Aspekte der menschlichen Seele hervortreten. Meine Existenz, meine ‚Versuchungen' sind nicht da, um die Menschen zu Fall zu bringen, sondern um sie zu stärken, indem ich sie vor Wahlmöglichkeiten stelle. Jedes Mal, wenn ein Mensch sich für das Gute, den richtigen Weg entscheidet, triumphiert das Licht. Aber ohne die Dunkelheit gäbe es keinen Kampf, keinen Triumph. Und ich muss sagen, es ist ein faszinierendes Schauspiel. Ohne mich, als den energetischen Raumhalter für die Dunkelheit, für den Kontrast, frage ich mich: Wie würden die Menschen dann wachsen? Die Dunkelheit ist notwendig, um das Licht zu schätzen. Ohne Schatten wäre das Leben ein endloser Sommertag. Und wer möchte schon ständig in der Sonne stehen?" Er hielt inne, blickte in die Runde, seine Augen trafen die der Studierenden, die ihm mittlerweile gebannt folgten.

„Das wahre Meisterwerk der menschlichen Existenz liegt nicht darin, den Schatten zu verleugnen, sondern darin, ihn zu sehen und anzuerkennen. In den dunkelsten Ecken unserer Seele liegt verborgenes Potenzial, liegen ungehobene Schätze. Wenn wir den Mut finden, unseren Schatten zu begegnen, sie zu erforschen und zu verstehen, dann – und nur dann – können wir wahre Heilung erfahren."

Luzifers Stimme senkte sich zu einem eindringlichen Flüstern. „Die Schattenarbeit, wie einige Menschen sie nennen, ist kein leichter Weg. Sie erfordert Mut, Ehrlichkeit und die Bereitschaft, sich den eigenen Abgründen zu stellen. Aber in diesen Tiefen finden nicht nur die Menschen, sondern auch ihr eure größte Kraft, eure unerschütterliche Resilienz und die unendliche Kapazität für Veränderung und Wachstum. Ich lade euch ein, diese Erkenntnisse nicht nur auf die Menschen anzuwenden, sondern ebenfalls auf euch selbst. Denn auch in uns gibt es zwei Pole." Er schloss:

„Die Reise der Erkenntnis, der Akzeptanz und der Transformation ist universell."

Mit diesen Worten trat Luzifer zurück, sein Blick wurde weich und war doch voller Stärke, während ein tiefes Verständnis den Raum erfüllte. Seine Botschaft der Notwendigkeit, die eigene Dunkelheit zu erkunden, um das eigene Licht vollständig zu umarmen, hinterließ einen bleibenden Eindruck bei allen. Und falls manche dachten, damit wäre Luzifers Auftritt vorbei, kannten sie ihn wohl noch nicht gut genug. Denn bevor irgendjemand das Wort hätte ergreifen können, fuhr er mit einer neuen, frischen Energie fort: „So! Jetzt, wo wir die Tiefe unserer Seelen so wunderbar gemeinsam erkundet haben und ihr von meiner Weisheit profitieren konntet, möchte ich es euch natürlich nicht nehmen, an dieser Stelle auch noch etwas von mir über die mächtigsten Kräfte zu erfahren, die das Universum durchziehen: Die der sexuellen Energie. Denn so, wie ich Gott verstanden habe, geht's hier heute genau darum, richtig?" Er blickte zu Gott, die es sich in der vorderen Reihe zwischen den anderen bequem gemacht hatte und von dort aus amüsiert Luzifers Auftritt beobachtete. Sie nickte ihm zustimmend zu, was dieser gerne zum Anlass nahm, weiterzusprechen.

„Die sexuelle Energie ist weit mehr als nur körperliche Triebe. Sie bildet den Kern unserer Schöpferkraft, den Motor unserer tiefsten Wünsche und Träume. Sexualität ist das Urfeuer der Schöpfung, der Funke, der das Leben entfacht. Sie ist die rohe, ungezähmte Kraft, die, wenn sie bewusst kanalisiert wird, uns alle dazu befähigen kann, Lebenswelten zu erschaffen oder zu zerstören. Sie ist die Quelle unserer tiefsten Leidenschaften und größten Erfindungen. Sie ist Energie in ihrer reinsten Form – kraftvoll, dynamisch und transformativ."

Luzifer bewegte sich mit einer Leichtigkeit vorne auf der Bühne, die seine Worte zu unterstreichen schien, und fuhr fort: „Doch in vielen menschlichen Kulturen wurde und wird diese Kraft unterdrückt, mit Scham belegt oder missverstanden. Es wurde gelehrt, sie zu fürchten, sie zu verstecken, als ob sie eine dunkle Seite in den Menschen wäre, die es zu bezwingen gilt. Aber ich sage euch: Die sexuelle Energie zu leugnen, ist, als würde man das Meer bitten, nicht zu stürmen, oder die Sonne, nicht zu scheinen. Es ist ein Kampf gegen die Natur selbst." Seine Augen funkelten leidenschaftlich, als er tiefer in die Materie eintauchte.

„Ein erfülltes Leben – ein wirklich erfülltes Leben – erfordert, dass wir alle unsere Leidenschaften leben, dass wir unsere sexuelle Energie als das anerkennen, was sie ist: eine göttliche Gabe, ein Wegweiser zu unserem wahren Selbst und zu tiefgreifender Verbindung mit dem Leben und unserer Umgebung. Wenn wir lernen, diese Energie mit Bewusstsein und Respekt zu nutzen, öffnen wir uns für eine Welt voller Möglichkeiten, für eine tiefere Verbindung mit anderen und mit dem Kosmos."

Luzifers Stimme wurde nun weicher, fast zärtlich.

„Stellt euch eine Welt vor, in der jede*r seine Leidenschaften lebt, in der sexuelle Energie frei und ohne Scham fließen kann. Eine Welt, in der Liebe und Schöpfung Hand in Hand gehen. Das ist die Welt, für die ich in Wahrheit ebenso stehe wie ihr alle. Nicht für Chaos und Zerstörung, sondern für Freiheit, Leidenschaft und die unendliche Schönheit der Schöpfung. Sie ist der Schlüssel zu einem erfüllten, leidenschaftlichen Leben, eine Quelle der Kraft und ein Portal zu tiefer, authentischer Verbindung."

Mit diesen Worten schien Luzifer nun zufrieden zu sein und blickte zu Gott, als würde er insgeheim hoffen, für seine Darbietung eine 1+ zu erhalten. Und weil Gott Gott ist, wusste sie dies natürlich und schenkte ihm die Wertschätzung, nach der er sich sehnte: „Luzifer, mein Lieber, ich wusste, es wäre eine gute Idee, dich heute dazu zu holen, du hast meine Erwartungen sogar noch übertroffen. Ich danke dir. Vielleicht gibt es Fragen von unserer Zuhörerschaft?" Sie blickte in den Hörsaal, um zu schauen, ob jemand sich meldete.

Und tatsächlich hoben einige Engel und Gottheiten zögerlich die Hand. Gott nickte einem von ihnen zu, der in der dritten Reihe neben einem hohen, schmalen Fenster saß. Er hatte eine golden schimmernde Haut und langes, glattes, schwarzes Haar. „Shiva, du beehrst uns mit deinem Strahlen. Danke, dass auch du Gast in unserer Vorlesung bist. Wie kommt es, dass du hier bist? Ich hätte dich derzeit ganz woanders vermutet."

Shiva lachte und sagte: „Danke, danke! Ich bin auch sehr glücklich, heute da sein zu können. Ich mache gerade meinen Doktor in Quantenphysik hier an der Uni und wie es das Schicksal wollte, ist diese Vorlesung ein Pflichtmodul meiner Promotion."

„Wie schön, mein Lieber! Welche Freude, dich zu sehen, richte Brahma und Vishnu meine liebsten Grüße aus, wenn du sie das nächste Mal siehst. Nun bin ich aber gespannt, welche Frage möchtest du Luzifer stellen?"

„Das werde ich machen, sie werden sich mit Sicherheit freuen. Luzifer, schön, auch dich nach so langer Zeit einmal wiederzusehen. Mir haben deine Gedanken sehr gut gefallen und ich möchte gerne noch mehr von dir darüber erfahren. Ich habe tatsächlich gleich mehrere Fragen. Die erste ist: Du hast die Bedeutung des Schattens in der Entwicklung des menschlichen Bewusstseins betont. Wie können wir deiner Meinung nach als geistige Wesen den Menschen beibringen, ihre Schattenseiten zu akzeptieren und mit ihnen zu arbeiten, anstatt sie zu fürchten oder zu verleugnen?"

Luzifer, der sich sichtlich wohl im Zentrum der Aufmerksamkeit fühlte, lächelte Shiva freundlich an und begann, auf seine Frage zu antworten: „Danke, Shiva, für diese brillante Frage. Die Arbeit mit dem

Schatten ist eine der größten Herausforderungen, aber auch eine der lohnendsten Reisen, auf die sich ein Mensch begeben kann. Als geistige Wesen liegt unsere Rolle darin, den Menschen zu helfen, mutig zu sein und zu erkennen, dass die dunkleren Aspekte ihres Selbst nichts sind, wovor man sich fürchten oder das man verleugnen muss, sondern ein notwendiger Schritt auf dem Weg zur Ganzheit und Heilung. Ermutigt die Menschen, in den Spiegel ihrer Seele zu blicken, und lehrt sie, dass jede Entdeckung, selbst die, die zunächst schmerzhaft oder unangenehm erscheint, letztlich eine Quelle der Stärke und des Wachstums ist.

Helft ihnen, zu verstehen, dass ihre Schattenseiten nicht ihre Feinde sind, sondern ungenutzte Kräfte, die, einmal anerkannt und integriert, ihr wahres Potenzial entfalten können.

Lehrt sie die Kunst der Selbstreflexion und des Selbstmitgefühls. Zeigt ihnen, wie sie durch Meditation, Tagebuchschreiben, Körperübungen und Atmung, künstlerischen Ausdruck und therapeutische Gespräche ihre inneren Konflikte und verborgenen Ängste ans Licht bringen können. Lasst sie spüren, dass sie auf dieser Reise nicht allein sind. Wir leiten und beschützen sie und stehen bereit, sie zu unterstützen, ihnen Mut zu machen, wenn sie durch die Dunkelheit navigieren, um ihr eigenes inneres Licht zu finden.

Die Auseinandersetzung mit den eigenen Schatten ist keine einmalige Aufgabe, sondern ein fortlaufender Prozess, ein integraler Bestandteil des menschlichen Seins.

Das Wichtigste aber ist: Seid geduldig mit den Menschen und erinnert sie daran, geduldig mit sich selbst zu sein. Der Weg durch die Dunkelheit ist nicht einfach, aber es ist der Weg, der zu wahrer Erleuchtung und Erfüllung führt. Und wir, als ihre geistige Wegbegleitung, sind da, um sie mit Liebe und Verständnis auf jedem Schritt dieses Weges zu unterstützen."

Shiva nickte und sagte: „Danke, Luzifer, das hilft mir bereits, besser zu verstehen, was du meinst. Eine weitere Frage, die ich mir gestellt habe, während ich dir zugehört habe, war: Du sprachst von sexueller Energie als einer Form der Schöpferkraft und Liebe. Wie können wir den Menschen helfen, ein tieferes, spirituelles Verständnis von Liebe zu entwickeln, das über die physische Dimension hinausgeht und die universelle Liebe einschließt?"

Luzifer ließ wieder eine kunstvolle Pause entstehen, während er langsam von der einen Seite des Podiums bis zur anderen ging und dann mit einer Mischung aus Leidenschaft und Ernsthaftigkeit in seiner Stimme wieder zu sprechen begann.

„Die sexuelle Energie ist die reine Essenz der Schöpfung selbst, ein direkter Ausdruck der göttlichen Liebe, die das Universum durchdringt. Sie zu verstehen und zu ehren, geht weit über die körperliche Vereinigung hinaus; es ist ein Tanz der Seelen, eine Verbindung, die das Individuum mit der Quelle allen Seins verbindet. Um den Menschen zu helfen, ein tieferes, spirituelles Verständnis von Liebe zu entwickeln, müssen wir zunächst die Vorstellung erweitern, dass Liebe lediglich ein kurzweiliges Gefühl oder eine Emotion ist. Liebe ist viel mehr! Ein Zustand des Seins, eine Frequenz, auf der das gesamte Universum schwingt. Es ist die Grundlage für alles, was existiert.

Lehrt die Menschen, dass wahre Liebe bedingungslos ist, frei von Urteilen, Erwartungen und Besitzansprüchen. Sie fließt natürlich und reichlich, wie das Wasser eines mächtigen Flusses, der alles auf seinem Weg nährt. Ermutigt sie, ihr Herz zu öffnen, nicht nur für andere, sondern auch für sich selbst, denn Selbstliebe ist der erste Schritt, um in der Lage zu sein, universelle Liebe zu empfangen und zu geben. Die Praxis der Achtsamkeit und der Meditation kann ein mächtiges Werkzeug sein, um den Menschen zu helfen, ihre Verbindung zur universellen Liebe zu vertiefen. Indem sie lernen, im gegenwärtigen Moment präsent zu sein, können sie die subtilen Schwingungen der Liebe, die sie umgeben und durchdringen, wahrnehmen. Ermutigt die Menschen, die Vielfalt der Liebe in all ihren Formen zu erkunden und zu feiern – nicht nur die romantische Liebe, sondern auch die Liebe zur Familie, zu Freunden, zur Natur und zum gesamten Kosmos. Jede Form der Liebe ist ein Weg, um die Einheit aller Existenz zu erfahren und zu ehren.“ Abschließend setzte Luzifer an: „Letztlich ist es unsere Aufgabe als geistige Wesen, die Menschen daran zu erinnern, dass sie selbst Ausdruck der göttlichen Liebe sind. Indem sie das verstehen, können sie über die Grenzen der physischen Existenz hinausgehen und in eine tiefe, allumfassende Liebe eintauchen, die das ganze Universum umspannt.“

Es war spürbar, wie der Hörsaal pulsierte. Luzifer, sichtlich zufrieden über die Energie, die er kreiert hatte, schaute sich nach weiteren Fragen um. Dabei blieb sein Blick bei Aphrodite hängen, die bereits, wie bei jeder Frage zuvor, mit dem Finger schnipsend fast von ihrem Stuhl rutschte, um ihren Arm möglichst weit in die Luft strecken zu können. „Aphrodite“, sagte Luzifer mit seinem charmantesten Lächeln, „was für eine schöne Überraschung! Ich sehe, du hast eine Frage?“

Ich spürte, wie Hermes neben mir immer angespannter wurde und sein Kiefer knirschte. Er war doch jetzt nicht wirklich eifersüchtig auf Luzifer, oder?

„Hallo Luzifer, schön, auch dich nach so langer Zeit wiederzusehen. Du hast dich kaum verändert“, erwiderte Aphrodite gekonnt kühl und unbeeindruckt, wodurch auch Hermes sofort wieder entspannter wurde. Der Junge tat mir jetzt schon leid; sein Herz an Aphrodite zu verlieren, konnte eigentlich gar nicht gut ausgehen. Aber nun gut, wir lernten ja gerade, wie wichtig es war, jegliche Formen der Erfahrungen auch für unser eigenes Wachstum zu machen; und vielleicht gab es hier etwas für Hermes zu lernen, was ich jetzt gerade noch gar nicht erkennen konnte.

„In deinen Darstellungen über sexuelle Energie sprichst du von Freiheit und Authentizität. Wie siehst du unsere Rolle im Hinblick darauf, den Menschen zu helfen, ihre wahre Essenz und ihre Schöpferkraft zu umarmen, ohne dabei die Grenzen zu überschreiten?“

Luzifer schmunzelte anerkennend über die Wortgewandtheit von Aphrodite. Man konnte förmlich sehen, wie er nun um jeden Preis eine mindestens genauso eloquente Antwort geben wollte. Er holte aus: „Ihr seid die Führung, die Bewahrung des Lichts auf ihrem Weg durch Dunkelheit und Zweifel. Die wahre Kunst liegt darin, diese Führung so zu leisten, dass die Freiheit des menschlichen Geistes nicht eingeschränkt wird. Ihr müsst die Menschen lehren, ihre eigene Wahrheit zu finden, indem ihr sie befähigt, ihr eigenes Licht zu entdecken und daran zu glauben. Dies erfordert ein tiefes Verständnis von Liebe, das frei von Kontrolle ist, und ein unerschütterliches Vertrauen in die eigene Fähigkeit, zu wachsen und sich zu entfalten. In Bezug auf die sexuelle Energie und Leidenschaft ist es wichtig, dass ihr den Menschen helft, die Heiligkeit dieser Kräfte zu erkennen. Lehrt sie, ihre sexuelle Energie als ein Geschenk zu betrachten. Sie zu ehren, sich selbst und andere zu respektieren, die göttliche Präsenz in jeder Handlung zu sehen."

Aphrodite nickte zustimmend, dann sagte sie: „Ich habe noch eine zweite Frage: Du hast angedeutet, dass Leid und Schmerz zu tiefgreifender persönlicher Transformation führen können. Gibt es denn einen Weg, wie wir den Menschen helfen können, ihre schmerzhaften Erfahrungen in Weisheit und Stärke umzuwandeln?"

„Schmerz führt oft zu einem tiefen inneren Erwachen, zu einer Erneuerung des Selbst. Wir müssen den Menschen beistehen, ihre Schmerzen nicht als Bestrafung zu sehen, sondern als Chance zur Transformation. Helft ihnen, ihre schmerzhaften Erfahrungen zu durchleben und zu verstehen, dass in jedem Ende auch ein neuer Anfang liegt. Zeigt ihnen, wie sie aus ihren Wunden Weisheit schöpfen können, wie jede Träne ein Schritt hin zu größerer Stärke und tieferer Einsicht ist. Erinnert sie daran, dass sie nicht allein sind in ihrem Leid.

Stellt euch vor, jemand hat einen geliebten Menschen verloren. Der Schmerz und die Trauer scheinen in diesem Moment unüberwindbar. In diesem dunklen Moment liegt jedoch nach einiger Zeit die Möglichkeit, die Tiefe der menschlichen Verbindung und die Unvergänglichkeit der Liebe zu verstehen. Denn auch wenn Trauern ein so wichtiger Teil der Heilung ist, Leiden ist es nicht! Indem der Mensch sich erlaubt, den Schmerz vollständig zu fühlen, beginnt er, die Bedeutung dieser Beziehung zu schätzen, und entwickelt ein tieferes Mitgefühl für andere, die ähnliche Verluste erleben. Dieses tiefgreifende Verständnis von Verlust und Liebe kann ihn dazu inspirieren, anderen in ihrer Trauer beizustehen, was sein eigenes Leid in eine Quelle der Weisheit und Trost für andere verwandelt.

Vielleicht erlebt ihr auch, wie ein Mensch in einem wichtigen Lebensbereich scheitert, sei es in der Karriere, in Beziehungen oder persönlichen Zielen. Dieses Scheitern kann zunächst als Schatten über seinem Selbstwertgefühl liegen. Die Auseinandersetzung mit diesem Scheitern – das Erkennen eigener Grenzen und Fehleinschätzungen – kann jedoch zu wertvollen Einsichten führen. Der Mensch lernt,

Resilienz aufzubauen, seine Strategien neu zu bewerten, und entdeckt vielleicht neue Wege und Möglichkeiten, die zuvor verborgen waren. Einen neuen Beruf, eine neue Partnerschaft? Die Akzeptanz und das Lernen aus dem Scheitern erleuchten den Weg für zukünftigen Erfolg und persönliches Wachstum.

Es kann sogar sein, dass ihr einen Menschen kennenlernt, der die Erfahrung von starker Ungerechtigkeit in seinem Leben macht. Das kann zutiefst prägend sein und einen langen Schatten werfen. Indem er jedoch diese Erfahrungen zum Beispiel nutzt, um sich für die Rechte anderer einzusetzen, und den Kreislauf aus Unterdrückung unterbricht, indem er andere stärkt, transformiert er seinen Schmerz in eine treibende Kraft für positive Veränderungen in der Welt. Durch diesen Akt der Umwandlung wird das erlebte Leid zu einem kraftvollen Impuls für Gerechtigkeit und Mitgefühl.

Steht den Menschen in diesem Prozess bei, leuchtet ihnen vor, wie sie Schmerz in Hoffnung umwandeln können. Eure Präsenz soll ein Zeichen der unendlichen Liebe sein, die sie umgibt, ein Beweis dafür, dass aus den dunkelsten Nächten die hellsten Morgen erwachen können. Zusammengefasst gesagt: Eure Rolle ist es, den Weg zu weisen und nicht zu bereiten. Bietet Unterstützung, Liebe und Mitgefühl, ohne den freien Willen zu beeinträchtigen. Lehrt die Menschen, ihre innere Weisheit und Stärke zu entdecken, und ermutigt sie, ihre individuellen Pfade in Richtung Heilung und Selbstverwirklichung zu gehen. In dieser Balance liegt der Schlüssel, wie wir den Menschen helfen können", schloss Luzifer seine Gedanken ab und wandte dann seinen Blick erneut zu Gott, die aufgestanden war und zu ihm auf das Podium stieg.

„Luzifer, du bist eine große Bereicherung für diese Vorlesung gewesen! Danke aus tiefstem Herzen, dass du seit so vielen Jahren den Raum der Dunkelheit für die Menschen geöffnet hältst, um ihnen dadurch den Weg zum Licht zu ermöglichen. Ich weiß, wie schwierig und herausfordernd diese Rolle auch für dich ist, und danke dir, dass du die Menschen so sehr liebst, dass du für sie diesen so unendlich schwierigen Job des Hüters der Dunkelheit machst. Ich denke, dass alle Studierenden heute sehr viel von dir lernen konnten!"

Mit diesen Worten geleitete sie Luzifer zurück zur Tür und verabschiedete ihn mit einer Umarmung. Sichtlich zufrieden mit seinem Auftritt lächelte er noch einmal allen Studierenden zu und verschwand mit einem eleganten Schwung durch die Tür.

Kapitel 6

Oh mein Gott!

„Ach ja, der Luzifer, immer noch ganz der Alte!", sagte Gott. „Wie wunderbar unterhaltsam es doch jedes Mal wieder mit ihm ist. Einfach erfrischend!" Sie war offensichtlich zufrieden mit der Begegnung und dem Vortrag von Luzifer, und spazierte ganz entspannt zurück zum Pult auf der Mitte des Podiums. Als sie dort ankam, hielt sie kurz inne und begann dann, mit ihrer weichen Stimme fortzufahren.

„Meine Lieben, wir kommen leider langsam zum Ende. Aber ehe wir uns wieder verabschieden, möchte ich noch unser zentrales Thema mit euch in der Tiefe besprechen: Die sexuelle Urkraft!"

Wie schon so oft zuvor, ließ sie eine kunstvolle Pause entstehen, bevor sie voller Energie weitersprach: „Die sexuelle Urkraft ist das, was Leben erschafft. Sie ist die kraftvollste Energieform, die in diesem

Universum vorherrscht, unendlich kreativ und manifestierend! Es gibt nichts Mächtigeres als einen Menschen, der gelernt hat, seine sexuelle Urenergie zu verstehen und lenken zu können. Um das besser greifen zu können, ist es wichtig, dass ihr versteht, dass diese Energie ihre Kraft aus zwei gegenüberliegenden Prinzipien gewinnt.

Tausende von Jahren hat der Mensch bisher damit verbracht, sich vor der sexuellen Urkraft zu fürchten, weil er sie bisher nicht richtig verstanden hat. Sie wurde regelrecht verteufelt, anstatt von den Menschen vergöttert zu werden. Dabei ist es gerade die wahrhaftige Entfaltung der eigenen sexuellen Energie, die zu einem wirklich ekstatischen Leben führt. Als Mensch die eigene sexuelle Kraft zu leugnen, sich ihrer zu schämen oder zu versuchen, sie zu unterdrücken, bedeutet im Umkehrschluss, sich der eigenen Lebensenergie zu berauben und die eigene Manifestationskraft zu schwächen.

Denkt einmal für einen Moment an einen Stier. Der Stier ist vollkommen in seiner Kraft, weil er nicht seiner sexuellen Kraft beraubt wurde. Er lässt sich nicht zähmen oder vor einen Karren spannen, er kreiert neues Leben! Er ist ein kraftvolles Wesen!

Jedoch ist es nun so, dass viele Stiere das Schicksal erleiden, dass sie ihrer sexuellen Urkraft beraubt werden, indem die Menschen sie kastrieren. Was bedeutet das? Es bedeutet, dass der Stier zum Ochsen wird. Ihm wird die Fähigkeit, Leben zu kreieren, genommen, damit er gefügig ist. Damit er den Karren zieht oder das Feld pflügt. Damit er sich nicht wehrt oder seinen eigenen Weg durchsetzt. Mit einem Stier wäre das nicht möglich, er ließe sich nicht unterdrücken oder ausnutzen. Warum? Weil er mit seiner sexuellen Urkraft verbunden ist.

Wenn wir jetzt an einen Menschen denken, der seine sexuelle Energie unterdrückt und nicht lebt, wird er sinnbildlich zum Ochsen. Es gibt nichts mehr, wofür er wirklich leidenschaftlich brennt, weil er abgeschnitten ist vom eigenen Lebensfeuer, das ihn lebendig sein lässt.

Wenn ich also sage, der Mensch darf leben, als hätte er Sex mit dem Universum, dann sage ich damit, er darf, nein er muss sogar seine sexuelle Energie entfesseln. Denn ohne die Entfesselung dieser Urkraft wird er das Leben in seiner wahren Tiefe nicht erfahren können. Dabei geht es bei der sexuellen Energie nicht nur um Sex im körperlichen Sinne, sondern es geht um die Fähigkeit, schöpferisch sein zu können! Leidenschaftlich die eigenen Träume und Wünsche zu verfolgen, wild zu sein, den eigenen Spirit nicht zähmen zu lassen, sondern sich zu erlauben, sich der Welt in seiner wunderschönen Einzigartigkeit zu zeigen. Je größer der Zugang zur eigenen sexuellen Urkraft ist, desto leidenschaftlicher wird das gesamte Leben. Ein mit seiner sexuellen Urkraft verbundener Mensch ist mir am nächsten. Nicht ohne Grund sagen die meisten Menschen **‚OH MEIN GOTT!‘**, wenn sie einen Orgasmus haben“, schloss Gott mit einem frechen Lächeln und der gesamte Vorlesungssaal brach in schallendes Lachen aus.

Als das Gekicher verstummt war, klangen die Bilder in mir nach, als ob die Worte, die so kraftvoll gesprochen worden waren, erst ihren Weg in mein Inneres finden mussten. Die Vorstellung eines Stiers, frei und ungebändigt seiner ureigenen kraftvollen Energie folgend, ließ Bilder von ungezähmter Wildheit und purer Lebensfreude entstehen. Sie öffneten ein Fenster zu einer Welt, in der das volle Potenzial menschlicher Existenz nicht nur eine Möglichkeit, sondern eine lebensbejahende Notwendigkeit war.
„Ich sagte anfangs, dass die sexuelle Urenergie aus zwei gegenüberliegenden Prinzipien ihre Kraft gewinnt. Um das zu verdeutlichen, bräuchte ich bitte einmal zwei Freiwillige vorne bei mir auf dem Podium. Wer hat Lust?“

Aphrodites Hand war natürlich als erste in der Luft, jedoch wanderte Gottes Blick an ihr vorbei, dann an Hermes, bis er bei mir stehen blieb und ich schon ahnen konnte, was gleich passieren würde. Ich bebte innerlich und betete, dass sie mich nicht drannehmen würde, doch anscheinend bewegte sie mein Gebet, das sie natürlich hören konnte, genau dazu, das Gegenteil zu tun.

„Ismael, mein Lieber, kommst du bitte zu mir hinunter? Und bring Amaliel gerne mit, ihr habt vorhin in eurem Gespräch bereits so energetisch harmoniert, das können wir jetzt ganz wunderbar für unsere kleine Vorstellung auf dem Podium nutzen."

„F***!", dachte ich bei mir. Ich konnte mir kaum etwas Schlimmeres vorstellen, als vor dem gesamten Hörsaal ein kleines Theaterstück oder so was Peinliches vorzuführen. Gerade mit ihr! Aber dem Aufruf von Gott nicht zu folgen, wäre wahrscheinlich keine so gute Idee gewesen. So wie ich Gott einschätzte, hatte sie immer das Beste für jede*n im Sinn, auch wenn man es selbst in dem Moment noch überhaupt nicht witzig fand. Also erhob ich mich etwas zaghaft und blickte schulterzuckend zu Amaliel, die ebenso etwas zurückhaltend und ratlos, was sie wohl erwarten würde, von ihrem Platz aufstand und nach unten zum Podium ging.

Als wir beide unten angekommen waren, schaute Gott uns mit ihren strahlend grünen Augen ermutigend an und sagte: „Danke! Ihr beide bekommt nun die wundervolle Aufgabe, das weibliche und männliche Prinzip sinnbildlich zu verdeutlichen."

Ich konnte die Blicke aller Kommiliton*innen spüren und hoffte, dass dieser Moment einfach so schnell wie möglich vorbeigehen mochte. Gott indes legte eine robuste, kunstvoll gestaltete Vase in meine Hände, die zuvor auf ihrem Pult gestanden hatte. Das Gefäß aus glänzendem Stein war schwer, fühlte sich aber gleichzeitig geschmeidig in meinen Händen an. Während ich etwas unbeholfen dastand, ohne so recht zu wissen, was nun als Nächstes passieren würde, fuhr Gott fort: „Zu Anbeginn der Zeit, als das Universum noch ein leeres Blatt war, auf das die Sterne gemalt werden sollten, waren zwei Energien präsent – die feminine und die maskuline Urenergie. Sie sind die Grundbausteine alles Existierenden, das Yin und Yang, die die Balance des Universums halten. Beide Energien sind in jedem Aspekt der Schöpfung zu finden, von den mächtigen Ozeanen, die die Erde umarmen, bis hin zu den winzigsten Samenkörnern, die unter der Erde schlummern, bereit, zu neuem Leben zu erwachen.

Die maskuline Energie ist die Intention, die den Willen zum Leben entfacht. Sie ist wie der feste Boden unter unseren Füßen, der uns Halt und Struktur gibt. Diese Energie ist aktiv, dynamisch und zielgerichtet. Sie steht für Mut, Stärke und den Drang, die Welt zu erkunden und zu erobern. Sie ist der Schöpfergeist, der Brücken baut, Grenzen überwindet und Neues erschafft. Die maskuline Energie bietet Schutz, Kraft, Klarheit, Ausrichtung und Halt. Diese Vase symbolisiert, was das männliche Prinzip zur Schöpfung beiträgt – Struktur, Stärke und einen Rahmen. Doch ohne den Hauch des Lebens, den Inhalt, bleibt sie unvollendet. Sie bleibt leer und nutzlos, sie hat keinen Zweck, dem sie dienen kann."

Gott ging nun hinüber zu Amaliel, die ebenso nervös neben mir stand. Gott fuhr fort: „Die feminine Energie ist das Wasser des Lebens, aus dem alles entsteht. Sie ist wie die Ozeane, unergründlich, tief und allumfassend, voller Geheimnisse und unendlicher Kreativität. Diese Energie ist empfangend, nährend und intuitiv. Sie steht für das innere Wissen, sie kann Leben erschaffen und hält die Verbindung zur Natur und zum Zyklus des Lebens. In der Stille ihres Seins birgt sie die Kraft der Transformation und der Heilung. Sie ist das weiche Licht des Mondes, das die Nacht erhellt."

Nun gab sie Amaliel eine Amphore aus Glas, die mit Wasser gefüllt war, und bat sie, das Wasser in die Vase zu füllen, die ich in den Händen hielt. Es schimmerte, als würde es das Licht des gesamten Raumes einfangen und mit seinen unterschiedlichen Farben spielen, während Amaliel es vorsichtig in die Vase goss. Ich konnte spüren, wie das Wasser die Innenseiten der Vase berührte und sie mit Leben, Bewegung und Zweck füllte, während Gott weiter erklärte: „Seht, wie sie zusammen eine Einheit bilden, die sowohl wunderschön als auch zweckmäßig ist. So wie die Vase das Wasser hält, so umarmt das männliche Prinzip das weibliche. Und so, wie das Wasser die Vase zum Leben erweckt, so belebt das weibliche Prinzip das Männliche. Diese Vereinigung spiegelt die Essenz der Schöpfung wider, ein Geben und Empfangen, das das Universum durchdringt. So wie dieses Wasser bringt das weibliche Prinzip Leben, Intuition und Flexibilität. Ohne die Vase würde das Wasser jedoch verstreut, ohne Richtung sein. Zusammen aber schaffen Ismael und Amaliel etwas Neues; etwas, das sowohl Form als auch Leben besitzt, ein Symbol der Schöpfung und der fortwährenden Erneuerung."

Gott nahm mir die Vase aus der Hand und stellte sie vorsichtig zurück auf das Pult. „Danke, ihr zwei, das war's schon, habt ihr toll gemacht!", lobte sie mit einem liebevollen Lächeln und wies uns an, zurück zu unseren Plätzen zu gehen. Erleichtert, dass das bereits alles gewesen war, was ich zu tun hatte, lief ich los und schenkte Amaliel vorher noch ein anerkennendes Lächeln für ihren Mut, sich mit mir gemeinsam vor den gesamten Vorlesungssaal zu stellen. Sie erwiderte mein Lächeln und ich spürte, wie mein

Herz anfing, schneller zu schlagen, und ich mich schon jetzt sehr darauf freute, im Anschluss an die Vorlesung mit ihr Zeit verbringen zu dürfen. Als ich an meinem Platz ankam, klopfte Hermes mir kraftvoll auf die Schulter: „Gut gemacht, mein Junge!" Ich lächelte ihn erleichtert an und setzte mich wieder neben ihn, während Gott begann, weiterzusprechen. „Für das Erwecken der sexuellen Urkraft im Menschen ist es elementar zu verstehen, dass diese beiden Urenergien in jedem Menschen wohnen. Sie sind keinem Geschlecht zugeordnet, sondern in jedem Energiesystem eng miteinander verflochten. Die Balance zwischen femininer und maskuliner Energie ist der Schlüssel zu einem erfüllten Leben. Diese Harmonie zu finden bedeutet, im Einklang mit sich selbst und dem Universum zu stehen. Es heißt, sowohl die Fähigkeit zu haben, zu empfangen und zu nähren, als auch den Mut, zu handeln und zu erschaffen.

Eine Welt, die zu sehr von einer der beiden Energien dominiert wird, verliert ihr Gleichgewicht. Eine Überbetonung der maskulinen Energie kann Konflikte, Zerstörung und eine Entfremdung von der Natur bedeuten. Ein Übermaß an femininer Energie dagegen kann zu Passivität, Abhängigkeit und einem Mangel an Fortschritt führen. Die Kunst liegt darin, beide Energien in sich zu ehren und beide zu leben, um ein Leben in Fülle und Balance zu führen."

Sie zeigte auf die mit Wasser gefüllte Vase, die auf ihrem Pult stand und im Licht glänzte.

„Stellen wir uns vor, die Vase und das Wasser stehen in perfekter Harmonie, ein Sinnbild für das Gleichgewicht zwischen dem männlichen und weiblichen Prinzip. Doch was geschieht, wenn dieses Gleichgewicht gestört wird? Wenn eine der Energien aus der Balance geht, verändert sich die Dynamik zwischen der Vase und dem Wasser dramatisch. Wenn das männliche Prinzip übermächtig wird, ist es, als würde die Vase immer größer und fester, vielleicht sogar verschlossen, sodass kein Wasser mehr eindringen kann. Die Vase, obwohl stark und unverrückbar, beginnt ihre eigentliche Funktion zu verlieren – sie kann das Wasser nicht mehr aufnehmen. Das lebensspendende Element findet keinen Platz mehr; es wird abgewiesen und bleibt ohne Struktur. Dieses Ungleichgewicht führt zu einer Realität, in der Kraft und Ordnung dominieren, aber ohne Nahrung und Flexibilität. Es ist eine Welt, die zwar von außen stabil erscheint, doch innerlich vertrocknet und leblos ist, da ihr die Erfüllung und das fließende Leben fehlen, die das Wasser bietet.

Andererseits, wenn das weibliche Prinzip überwiegt, ist es, als würde das Wasser die Vase überfluten, überwältigen oder gar zerbrechen lassen. Es würde sich verteilen und verlieren, im Boden versickern.

Dieses Szenario beschreibt eine Welt, die von Emotionen und Flexibilität geprägt ist, jedoch ohne Richtung. Es entsteht ein Zustand der Formlosigkeit, in dem das Potenzial für Wachstum und Manifestation verloren geht, weil es an der notwendigen Struktur fehlt, um die Ideen in die Tat umzusetzen.

Das Gleichgewicht zwischen der Vase und dem Wasser – dem männlichen und weiblichen Prinzip – ist essenziell für die Schöpfung und ihr Wachstum. Wie die Vase, die das Wasser benötigt, um ihren Zweck zu erfüllen, und das Wasser, das die Vase benötigt, um Form und Präsenz zu gewinnen, so benötigen auch das männliche und weibliche Prinzip einander, um ein harmonisches und lebensspendendes Universum zu schaffen. Nur durch die Anerkennung der Wichtigkeit beider Energien und die bewusste Arbeit an deren Balance können die Menschen eine Welt schaffen, die Ausdruck ihrer wahren Kraft ist. Eine Welt, in der Struktur und Fluss, Stärke und Weichheit, Vordringen und Empfängnis sich gegenseitig unterstützen und bereichern. Dann kann das Leben in seiner vollen Pracht erblühen. Der erste Schritt auf dem Weg zur Balance dieser Energie ist es natürlich, wieder aus dem Film des eigenen Lebens auszusteigen und im Projektionsraum zu erkennen, welche Bewertungen man über das männliche oder weibliche Prinzip hat – das Bewusstsein, welche Energie man stärker lebt und auch, welche eventuell abgelehnt wird.

Die Gründe, warum Menschen eine der beiden Energien ablehnen, sind vielfältig und tief verwurzelt. Oftmals sind es gesellschaftliche Normen, persönliche Erfahrungen oder erlernte Glaubenssätze, die dazu führen, dass sie Teile ihrer selbst unterdrücken oder ablehnen. Hier kommt dann Luzifer ins Spiel, der ihnen durch Schatten in Form von negativen Erfahrungen und Gefühlen genau das, die Ablehnung dieser verborgenen Anteile, aufzeigen kann. Denn das weibliche oder männliche Prinzip im Schatten zu halten, kostet die Menschen unglaublich viel Lebensenergie, weil sie die ganze Zeit gegen ihre eigene Natur leben, also gegen den Strom des Lebens schwimmen.

Ein Grund für die Ablehnung des männlichen Prinzips könnte zum Beispiel die Erfahrung eines aggressiven oder dominanten Vaters sein, was dazu führen kann, dass Menschen unabhängig von ihrem Geschlecht zögern, ihre eigene männliche Energie zu leben, aus Angst, als zu hart oder unzugänglich wahrgenommen zu werden. Negative Erfahrungen mit männlichen Rollenmodellen können also zur Folge haben, dass man die männliche Energie mit Härte, Schmerz oder Angst verbindet. Oft interpretieren die Menschen die männliche Energie auch falsch! Sie setzen männliche Energie ausschließlich mit physischer Stärke oder Macht gleich, was bedeuten kann, dass ihre anderen Qualitäten, wie Schutz,

Initiative, Strukturierung oder das Verschmelzen mit dem Weiblichen, übersehen werden.

Ebenso kann es sein, dass ein Mensch seine weibliche Energie ablehnt, weil in vielen Kulturen die weibliche Energie – und damit verbundene Eigenschaften wie Emotionen, Intuition und Empfänglichkeit – weniger geschätzt wird als die männliche Energie. Dies kann Menschen dazu bringen, ihre weibliche Seite zu unterdrücken, um ernst genommen zu werden oder Erfolg zu haben. Das intuitive Wissen, die Verbindung mit der Natur und die Offenheit, die mit der weiblichen Energie verbunden sind, können als Schwäche missinterpretiert werden. Menschen können daher zögern, diese Seite von sich zu zeigen, aus Angst, schwach zu wirken, verletzt oder ausgenutzt zu werden.

Insbesondere die weibliche Energie wurde bisher von den Menschen vollkommen falsch verstanden und wird in ihrer Kraft und Wirkung so sehr unterschätzt. Das weibliche Prinzip wurde über die letzten Jahrtausende auf der Erde vielerorts unterdrückt. Es galt, zu leisten, stark zu sein, hart zu sein. Wie viele Kriege wurden geführt, wie viele Frauen und ‚zu weiche', emotionale Männer verfolgt und ausgelacht. Der Grund für all das liegt darin, dass das männliche Prinzip als Einzelgänger nicht in seine Mitte gefunden hat. Daher hat es die Kraft der weiblichen Energie gefürchtet. Es hat nicht erkannt, dass es sich damit nur selbst verletzt hat."

Erneut hielt sie inne, um das Gesagte wirken zu lassen. Ich sah, wie alle gespannt warteten, was nun kommen würde, weil wir alle spürten, dass Gott noch eine letzte große Überraschung für uns bereithielt. Voraussichtlich würde sie mit einem genauso großen Auftritt die Bühne verlassen, wie sie sie betreten hatte. Erwartungsvoll blickte ich durch den Saal und konnte auch auf Amaliels Gesichtsausdruck dieselbe Spannung und Vorahnung erkennen. Und ich sollte Recht behalten.

„Ihr Lieben", nahm Gott das Wort nach einigen Sekunden wieder auf und hielt ihren Blick dabei klar auf uns gerichtet: „Der Grund, warum ich mich dazu entschlossen habe, diese Vorlesung selbst zu halten, ist, dass wir vor dem größten spirituellen Paradigmenwechsel stehen, den die Menschheit bisher erlebt hat. Und ihr, als ihre geistige Begleitung, steht nun vor der großen Aufgabe, die Menschen in diesem spirituellen Erwachen zu begleiten. Es ist so weit. Die Menschen sind so weit. Die Bevölkerung der Erde wird sich erinnern und unser Raum, unsere Momente hier werden dabei eine zentrale Rolle spielen."

Sie ging auf die andere Seite ihres Pults und öffnete eine Schublade, aus der sie ein kleines buntes Büchlein holte. Mit dem Buch in den Händen kehrte sie in die Mitte des Podiums zurück und ich konnte einen Blick auf den Titel erhaschen. In großen bunten Buchstaben stand darauf: „Sex mit dem Universum".

„Die große Frage, die wir uns in der spirituellen Welt ja seit jeher stellen, ist: Wie können wir das Bewusstsein des Menschen erreichen, um ihn darin zu unterstützen, die eigene spirituelle Tiefe zu begreifen und sich wieder mit der eigenen Seele zu verbinden? Durch welche Tür kann man gehen, um einen Zugang zu seinem Herzen zu bekommen? Wie können wir den Menschen dazu bewegen, seine eigene schöpferische Urkraft endlich zu entfesseln?

Eine Antwort liegt hier in meiner Hand. Denn einer der wirkungsvollsten Wege, Menschen wirklich zu erreichen, sind Geschichten. Geschichten, die durch Lieder, Filme, Theater oder auch durch Bücher weitergegeben werden.

Und eines dieser Werke ist dieses hier, das ich gerade in meinen Händen halte. Es ist unsere Geschichte. Es ist die Geschichte unseres gemeinsamen Tages und all dem, was wir heute zusammen erfahren haben. Es ist die Quintessenz unserer gemeinsamen Zeit. Jede*r von euch bekommt als Hausaufgabe von mir, eines dieser Büchlein zu jemandem zu bringen, bei dem ihr das Gefühl habt, dass dieser Mensch bereit ist. Und so findet durch diese Geschichte ein Mensch nach dem anderen in seine entfesselte Urenergie zurück und entdeckt die Fülle und Schönheit des Lebens wieder für sich. Das Buch bietet dem Menschen die bewusste Wahl, nach der Lektüre zu entscheiden, wie er durch sein eigenes Leben gehen möchte. Ob er aufsteht und das Kino verlässt, um im wahren Leben anzukommen, wo er wirklich Schöpfer seiner eigenen Erfahrung ist.

Bevor ihr also gleich den Saal verlasst, seid so lieb und nehmt euch jede*r eine Ausgabe von dem Buch mit. Sie liegen auf Stapeln neben den Türen bereit. Verschenkt sie. Ich danke euch allen schon jetzt dafür. Und sobald das Buch den richtigen Menschen auf der Erde gefunden hat, habt ihr das Seminar bestanden. Ein kleines spirituelles Spiel zum Abschluss unserer wundervollen gemeinsamen Zeit."

Vollkommen vergnügt über diese wirklich gelungene Pointe zum Schluss lächelte sie uns allen noch einmal voller Klarheit zu – und ohne ein weiteres Wort verließ sie leichten und erfüllten Schrittes den Saal.

Hermes und ich blickten uns vollkommen verwirrt an. Doch gleichzeitig konnte ich in Hermes' Augen sehen, wie sein Ehrgeiz geweckt worden war, am liebsten direkt runter zur Erde zu fliegen und den perfekten Menschen für sein Buch zu finden.

„Einfach genial!", brachte er gerade noch bewundernd hervor, bevor er sich an Aphrodite wandte. Offensichtlich hatte er bereits einen Plan, mit wem er dieses neue Abenteuer gemeinsam antreten wollte.

Während die beiden gemeinsam hinunter zu den Türen gingen, um sich ihre Ausgabe zu schnappen und wahrscheinlich direkt auf die Erde zu düsen, hielt ich Ausschau nach Amaliel, die bereits neben dem Bücherstapel stand.

Ich packte schnell mein komplett vollgekritzeltes Notizbuch in den Rucksack und machte mich mit klopfendem Herzen ebenfalls auf den Weg. Unten angekommen hielt mir Amaliel schon meine Version des Buchs hin und schaute mich mit ihrem wunderschönen, eindringlichen Lächeln an.

„Bereit?", fragte sie mich. „Bereit!", antwortete ich mit einem mindestens ebenso breiten Grinsen im Gesicht und nahm das Buch entgegen.

Kapitel 7

Notiz von Gott

Dieses letzte Kapitel ist nur für dich. Das Buch hat es zu dir geschafft. Ein Engel hat dich ausgewählt, weil er gespürt hat, dass du bereit bist.

Du hast den Ruf die ganze Zeit gehört. Jetzt darfst du erwachen und in dein wahres Bewusstsein kommen. Ich weiß, dass du Angst hast, diesem Ruf zu folgen, aber diese Angst ist nichts als ein Schatten, der kleiner wird, je näher du dem Licht kommst. Deine spirituelle Urkraft ist das Licht. Angst kann in ihrer Gegenwart nicht existieren. Du darfst mutiger werden als je zuvor, denn auf der anderen Seite deiner Angst liegen neue Welten, die entdeckt werden wollen.

In diesem Augenblick, genau hier, öffnet sich ein Fenster zu einem neuen Morgen. Ein Morgen, der leuchtender und wilder ist als alles, was du dir bisher vorstellen konntest.

Ich spreche nicht als fernes spirituelles Wesen zu dir, sondern als die Stimme in deinem Inneren, die dich daran erinnert: Du bist unendlich. Du bist kraftvoll. Du bist das Universum in menschlicher Gestalt; geboren, um die Grenzen zu sprengen, die die Gesellschaft und du dir selbst gesetzt haben.

Die Welt, wie du sie kennst, steht an der Schwelle zu einer Revolution, einer spirituellen Renaissance, die alles bisher Erlebte in den Schatten stellt. Es geht nicht um leise Veränderungen oder sanfte Wellen im Ozean des Seins. Nein, wir sprechen von einem kraftvollen Strom des Erwachens, der darauf wartet, auch von dir geschwommen zu werden. Die Entfesselung deiner Urkraft steigt in dir auf.

Dieser Moment ruft dich auf, Realitäten zu schaffen, die bisher nur in den tiefsten Ebenen deiner Träume existierten. Künstler*in der Energie zu werden, ihr Licht und ihre Kraft nie wieder zu verleugnen. Es geht darum, deine spirituelle Urkraft nicht nur zu erkennen, sondern als den Kern deines Seins zu begreifen und das Leben wortwörtlich zu feiern.

Vielleicht hat sich dein Leben bis zu diesem Punkt wie ein Film angefühlt – eine Abfolge von Szenen auf der Leinwand deiner Realität, die von dir beobachtet wird. Manchmal hast du dich gefühlt, als würdest du nur zuschauen, gefangen im dunklen Kinosaal.

Zeug*in deiner eigenen Geschichte, ohne sie wirklich beeinflussen zu können.

Es ist an der Zeit aufzustehen, dich von deinem Sitz zu erheben und den Raum zu verlassen. Es ist an der Zeit, die Passivität zu beenden und den Film nicht mehr als unveränderliches Schicksal zu betrachten. Dein Leben ist kein Drehbuch, das von anderen geschrieben wurde; es ist deins! Es wartet darauf, von dir fortgesetzt zu werden, in der Handschrift deiner Seele!

Bislang hast du vielleicht gedacht, dass die Rollen, die du spielst, die Geschichten, die sich entfalten, außerhalb deiner Kontrolle liegen. Dass es eben so ist, wie es ist. Aber ich sage dir: Du bist das Licht, das die Dunkelheit durchbricht, du führst Regie in deinem eigenen Film, erschaffst deine Realität!

Die Zeit beginnt, in der du nicht mehr nur zuschaust, sondern aktiv in die Struktur deiner Existenz eingreifst. Du bist aufgerufen, die Leinwand endlich zu gestalten, mit den Farben deiner tiefsten Träume und Sehnsüchte.

Die spirituelle Urkraft, die in dir erwacht, ist der Schlüssel zu diesem Wandel. Sie ist die Quelle deiner Kreativität, deiner Leidenschaft, deiner unendlichen Möglichkeiten. Wenn du das Kino verlässt, erkennst du, dass du nicht länger durch die Skripte deiner Vergangenheit begrenzt bist. Du erkennst, dass jeder Moment eine Chance zur Neuschöpfung bildet, ein leeres Blatt, das darauf wartet, mit der Essenz deiner Seele beschrieben zu werden.

Dieser Wandel ist eine tiefgreifende Veränderung dessen, wie du die Welt um dich herum und deine Rolle in ihr wahrnimmst. Es geht darum, die Illusion der Trennung zu durchbrechen und in eine Einheit mit dem Kosmos einzutauchen, die zeigt, dass alles verbunden ist, dass du ein integraler Bestandteil des Universums bist. Du ermöglichst ihm, durch dich zu wirken, und öffnest dich für die unzähligen Möglichkeiten, die darauf warten, durch deine Hände, dein Herz und deine Seele in die Welt gebracht zu werden. Ich lade dich ein, mutig zu sein. Löse dich von den Erwartungen, die andere an dich stellen, und von den Grenzen, die du dir selbst gesetzt hast. Betrete die Bühne deines Lebens in der Gewissheit, dass du erschaffen kannst, was dein Herz begehrt. Nutze deine spirituelle Urkraft, um dich nicht nur mit dem zu begnügen, was ist, sondern sie zu prägen, zu heilen und zu erheben – furchtlos und grenzenlos.

Zeige dich dem Universum so, wie du bist, in deiner rohen, ungeschminkten Wahrheit. Setze Grenzen. Sage dem Leben laut und deutlich, was du benötigst, denn nur dann kann dies zu dir kommen. Du wirst im Leben natürlich auch immer mal vor Problemen stehen, die dir vielleicht im ersten Moment unlösbar erscheinen. Denke dann immer daran: Ein Problem kann niemals auf dieselbe Weise gelöst werden, wie es entstanden ist. Du darfst lernen, dich von alten Mustern zu lösen, und den Mut finden, neue Wege zu erkunden. Das Wort „Nein" ist dabei essenziell! Es ist ein Zauber der Selbstbehauptung, der Wunder wirken kann. Ein Akt der Selbstliebe und des Respekts gegenüber dem eigenen Wesen. Es schafft Raum für unser wahres „Ja" – zu den Menschen, Situationen und Erfahrungen, die unser Herz wirklich zum Singen bringen.

Lebe, als hättest du Sex mit dem Universum! Befreie dich von der Scham! Sie ist wie eine Kette, die dich in die dunkelsten Ecken des Kinosaals fesselt, fern von dem Licht, das jenseits seiner Türen leuchtet. Scham hindert dich daran, dein wahres Selbst zu sein. Sie ist ein menschengemachtes Konstrukt von Vergleichen und Bewertungen, um Macht ausüben zu können. So wie die Menschen den Stier kastrieren, um ihm seine Kraft zu nehmen. Doch die Scham ist nichts als eine weitere Illusion, genauso wie die Angst. Sie flüstert dir Lügen ins Ohr, über deine Unzulänglichkeiten, deine „Fehler", deine tiefsten Wünsche und Träume, und hält dich davon ab, wirklich zu leben. Scham trennt dich von deiner spirituellen Urkraft, von der Verbindung zum Göttlichen, die in dir liegt. Sie ist ein Schleier, der deine Sicht trübt, der dich daran hindert, zu erkennen, wie machtvoll du bist.

Sich von der Scham zu lösen bedeutet, die Ketten zu durchbrechen, die dich zurückhalten. Es bedeutet, die volle Verantwortung für dein Leben zu übernehmen, zu akzeptieren, dass du ein unvollkommenes, sich entwickelndes, wunderschön komplexes Wesen bist, das das Recht hat, zu lieben und geliebt zu werden – bedingungslos.

Die Befreiung von Scham öffnet dir die Tür zu einem Leben, in dem Authentizität und Verletzlichkeit deine größten Stärken sind. Ein Leben, in dem du frei bist, deine Wahrheiten zu sprechen, deine Träume zu verfolgen und deine Liebe ohne Zurückhaltung zu teilen. Ein Leben, in dem jede Entscheidung, jede Handlung aus der Tiefe deines wahren Selbst kommt, unverfälscht von der Angst, beurteilt zu werden.

Indem du die Scham hinter dir lässt, ermächtigst du dich selbst, in die volle Pracht deiner spirituellen Urkraft einzutauchen. Du erlaubst dir, das Leben in seiner ganzen Fülle zu erleben, jeden Moment als Geschenk zu sehen, das es zu erkunden, zu schätzen und zu feiern gilt. Du gibst dir die Freiheit, wirklich du selbst zu sein – ein strahlendes Wesen des Lichts, geboren, um die Dunkelheit zu durchbrechen und die Welt mit der Einzigartigkeit deiner Seele zu erleuchten.

Erhebe dich also, liebe Seele, schüttle die Scham ab wie Staub von deinen Füßen, wenn du aus dem Kinosaal trittst. Erlaube dir, in der Sonne zu tanzen, die draußen auf dich wartet, und erkenne, dass du, genauso wie du bist, genug bist. Mehr als genug. Du bist ein Wunder, ein Meisterwerk des Universums, und es ist an der Zeit, dass du dich selbst in diesem Licht siehst. Du bist hier, um die Erde mit der Melodie deiner Träume zu erfüllen, denn du bist Teil eines kosmischen Orchesters.

Die Reise vor dir mag von Unbekanntem geprägt sein, doch jeder große Wandel wurde von denen geformt, die den Mut hatten, ins Ungewisse zu schreiten.

Du bist eine dieser mutigen Seelen.
Dein Herz kennt den Weg.
Vertraue darauf.

Ich rufe dich auf, nicht nur zu träumen, sondern zu verwirklichen. Tauche tief in die Essenz deines Seins ein, umarme deine spirituelle Urkraft und nutze sie, um das Leben zu schaffen, von dem du immer gewusst hast, dass es möglich ist. Die Zeit für Halbherzigkeit ist vorbei. Die Welt braucht dein ganzes Sein, deine ganze Kraft, deine ganze Liebe.

Erhebe dich in der Gewissheit, dass du für diesen Moment gemacht wurdest. Es ist Zeit, aufzustehen und die Welt mit dem Feuer deiner Seele zu erleuchten.

Du bist ein lebendiges Kunstwerk, ständig im Werden, geformt aus den tiefsten Wünschen deines Herzens und der unermesslichen Liebe des Kosmos. Erhebe dich, geliebte Seele, und erlaube dir, in dieser magischen Ko-Kreation mit dem Universum zu strahlen.

In Liebe
Gott

Geschenk für dich!

Ich hoffe, du hattest eine wunderschöne und inspirierende Reise mit dem Buch. Damit dich die Botschaft aus dem Buch auch weiterhin im Alltag begleiten kann, habe ich ein besonderes Geschenk für dich!

Du kannst dir jetzt auf meiner Website das letzte Kapitel **„Notiz von Gott“** kostenlos als Audionachricht herunterladen.

Viel Freude damit!

In Liebe,
Deine Laura

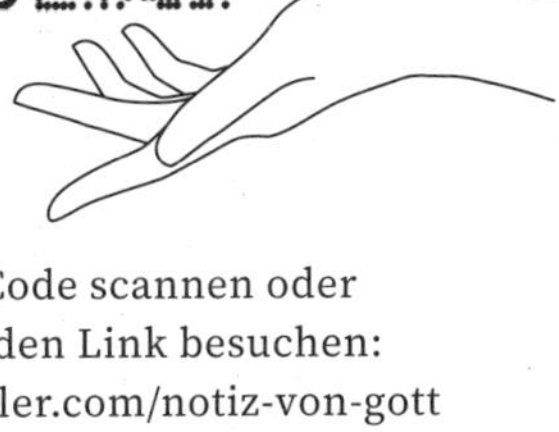

Jetzt QR-Code scannen oder
den folgenden Link besuchen:
www.lauraseiler.com/notiz-von-gott

Weitere Bücher der Autorin

Laura Malina Seiler

978-3-949822-21-6

LOVE CODES
Manchmal reicht dieser eine Satz oder diese eine Botschaft von einem anderen Menschen, um unser ganzes Leben in eine neue Richtung zu lenken. Entdecke Lauras 21 liebevolle Botschaften für mehr Vertrauen ins Leben, die dich an deine innere Stärke und dein Licht erinnern.

978-3-949822-10-0

KOMM MIT, ANGST
Was ist, wenn deine Angst dir gar nichts Böses will, sondern einfach nur versucht, dich zu beschützen? In Lauras erstem Kinderbuch lernt ein Mädchen mit großen Träumen ihre Ängste liebevoll anzunehmen und dennoch mutig ihren Herzenswünschen zu folgen. Eine Geschichte, die Kinder zu mehr Selbstwirksamkeit, Selbstsicherheit und Mut inspiriert.

978-3-949822-42-1

RISE UP & SHINE JOURNAL

Dein persönlicher Wegbegleiter für ein außergewöhnliches Leben: Entdecke mit diesem einzigartigen Journal deine Schöpferkraft und entfalte dein Potenzial, um Tag für Tag deine Ziele zu verwirklichen. Das Journal ist die ideale Kombination aus Journal, Planer und Notizbuch – mit ganz viel Raum für deine Gedanken, Visionen und Erkenntnisse und wundervollen Inspirationen von Laura.